MODERN LANGUAGES STUDY GUIDES
FILM STUDY GUIDE FOR AS/A-LEVEL FRENCH

Entre les murs

dir. Laurent Cantet

Hélène Beaugy

HODDER
EDUCATION
AN HACHETTE UK COMPANY

The Publishers would like to thank the following for permission to reproduce copyright material.

Photo credits

p.17 Moviestore Collection Ltd/Alamy; **p.21** Collection Christophel/Alamy; **p.22** AF Archive/Alamy; **p.27** AF Archive/Alamy; **p.31** Collection Christophel/Alamy; **p.38** Collection Christophel/Alamy; **p.42** Collection Christophel/Alamy; **p.51** Moviestore Collection Ltd/Alamy; **p.53** Collection Christophel/Alamy; **p.63** AF Archive/Alamy; **p.66** Moviestore Collection Ltd/Alamy

Every effort has been made to trace all copyright holders, but if any have been inadvertently overlooked, the Publishers will be pleased to make the necessary arrangements at the first opportunity.

Although every effort has been made to ensure that website addresses are correct at time of going to press, Hodder Education cannot be held responsible for the content of any website mentioned in this book. It is sometimes possible to find a relocated web page by typing in the address of the home page for a website in the URL window of your browser.

Hachette UK's policy is to use papers that are natural, renewable and recyclable products and made from wood grown in sustainable forests. The logging and manufacturing processes are expected to conform to the environmental regulations of the country of origin.

Orders: please contact Bookpoint Ltd, 130 Park Drive, Milton Park, Abingdon, Oxon OX14 4SE. Telephone: (44) 01235 827720. Fax: (44) 01235 400454. Email education@bookpoint.co.uk Lines are open from 9 a.m. to 5 p.m., Monday to Saturday, with a 24-hour message answering service. You can also order through our website: www.hoddereducation.co.uk

ISBN: 978 1 4718 9175 5

© Hélène Beaugy 2017

First published in 2017 by

Hodder Education,

An Hachette UK Company

Carmelite House

50 Victoria Embankment

London EC4Y 0DZ

www.hoddereducation.co.uk

Impression number 10 9 8 7 6 5 4 3 2 1

Year   2021 2020 2019 2018 2017

Cover photo © maroke/iStock/Thinkstock/Getty Images

Typeset in India

Printed in Slovenia

A catalogue record for this title is available from the British Library.

Contents

Getting the most from this guide

This guide is designed to help you to develop your understanding and critical appreciation of the concepts and issues raised in *Entre les murs* as well as your language skills, fully preparing you for your Paper 2 exam. It will help you when you are studying the film for the first time and also during your revision.

A mix of French and English is used throughout the guide to ensure you learn key vocabulary and structures that you'll need for your essay, while also allowing you to develop a deep understanding of the work.

The following features have been used throughout this guide to help build your language skills and focus your understanding of the film.

Activity

Various types of activities are found throughout the book to test your knowledge of the work and develop your vocabulary and grammar. Longer writing tasks will help prepare you for your exam.

Build critical skills

These offer an opportunity to consider some more challenging questions. They are designed to encourage deeper thinking and analysis to take you beyond what happens in the film to explore why the director has used particular techniques and the effects they have on you. These analytical and critical skills are essential for success in AO4 in the exam.

Answers

Answers to every activity, task and critical skills question can be found online at **www.hoddereducation.co.uk/mfl-study-guide-answers**

les émeutes (f) riots

For every paragraph in French, key vocabulary is highlighted and translated. Make sure you know these words so you can write an essay with accurate language and a wide range of vocabulary, which is essential to receive the top mark for AO3.

TASK

Short tasks are included throughout the book to test your knowledge of the film. These require short written answers.

GRADE BOOSTER

These top tips will advise you on what to do, as well as what *not* to do, to maximise your chances of success in the examination.

Key quotation

Key quotations are highlighted as they may be useful supporting evidence in your essay.

Notre vie, elle est pas passionnante.
(Justine)

Further quotations can be found in the 'Top 10 quotations' chapter on page 93 of the guide.

1 Synopsis

Entre les murs opens with François Marin, a secondary school teacher, having a coffee at a bar before making his way into school for the day-long teachers' briefing that precedes the first day back to school for the students. The teachers are given their timetables, new teachers are introduced and a celebratory encouragement drink is held.

The next day, we are introduced to form 4^{e}3, of which M. Marin is the form teacher. After he has obtained relative silence in the class, the first challenge to the teacher's words is formulated. After that is resolved, the students are asked to write some details about themselves. Already some key personalities come to the fore: Esméralda, Khoumba, Boubacar and Souleymane.

During a grammar lesson, Esméralda raises a point that starts an argument on the usefulness or otherwise of some tenses of the French language. This leads to an exchange on registers of language and appropriate use of each level of register depending on circumstances.

After expressing his disappointment at the students failing to complete what he thought was an easy piece of homework, M. Marin asks Khoumba to read an extract from *The Diary of Anne Frank*, which she flatly refuses to do. An argument between Khoumba and M. Marin follows, with Khoumba persevering in her refusal to cooperate and ending up being really rude to her teacher. She is kept back after the class to have a chance to explain herself and is asked to apologise, which gives her more opportunity for insolence. M. Marin is frustrated by her behaviour.

At the termly meeting of class teachers and class representatives, we hear the marks and comments given by various teachers, which are written in the termly report that will be sent to the students' parents. The two class reps (Louise and Esméralda) are seen making some mitigating comments in defence of their classmates, as well as starting to eat biscuits and ending up having a fit of laughter in what is a serious environment, leading to pointed looks from the teachers.

A couple of days later, a question from Souleymane regarding his marks for the term, as well as the girls revealing to him that M. Marin had said that he was academically limited, leads M. Marin to state that the class reps behaved like 'stupid tarts' at the recent meeting. A major verbal altercation ensues, with the class ganging up against M. Marin. Souleymane ends up being highly disrespectful towards his teacher and M. Marin tries to physically restrain Souleymane, who lashes out and injures Khoumba.

Souleymane's behaviour is reported to the deputy head teacher, who leaves the decision to M. Marin as to whether to give Souleymane a disciplinary hearing. François hesitates and dithers, especially after hearing from Souleymane's classmates that if Souleymane is excluded from school permanently, his dad will send him back to his village in Mali. Between the pressure from the other teachers and his obligation not to leave objectionable behaviour unsanctioned, François Marin finds himself forced to ask for a disciplinary hearing for Souleymane.

After being confronted by the pastoral director, M. Marin goes out into the playground to confront Louise and Esméralda again, with no more success in his attempt to make them see sense. As the tone of the conversation rises, more and more students side with the girls and M. Marin has to leave the conversation and the playground in order not to lash out in sheer frustration.

On the fateful day, Souleymane is present with his mother, who does not speak French but either speaks through her son or states in rehearsed French a few sentences in defence of her son. The parents' representatives also raise a few objections (including the fact that M. Marin is going to vote on Souleymane's exclusion while at the same time being a defendant in the matter at hand). This unfortunately is not enough to save Souleymane, as a majority of committee members vote for his permanent exclusion. Souleymane has remained silent throughout the hearing except to translate for his mother. We see them leaving the school, Souleymane looking forlorn and his mum as dignified as ever.

The film ends as the school year ends: the sun is shining, M. Marin's final gesture for the year is to distribute to the class the collection of self-portraits written earlier in the year, to the delight of the students. The day ends with a joyful football game, students against teachers, and everybody is having a good time.

Build critical skills

Selon vous, pourquoi est-ce que le film s'appelle *Entre les murs* ?

TASK
Recherchez des informations sur Laurent Cantet.

The film took shape as follows:
- research about the school/the class from September 2006
- filming during the 2007 summer holidays
- first release at the 2008 Cannes Film Festival

Un environnement social à petite échelle : le quartier

Le **quartier** est le lieu de vie central des élèves d'*Entre les murs*. Les jeunes en sortent rarement, il détermine leur vie et une certaine part de leur identité.

Les villes sont découpées en **secteurs de recrutement scolaire**, qui vont déterminer à quelle école les adolescents vont étudier. S'ils veulent une place pour étudier dans un collège ou lycée différent, leurs parents doivent obtenir une **dérogation**.

On peut donc voir un parallèle très clair entre la mixité sociale de la classe et la mixité sociale du quartier, si ce n'est de la France entière.

le quartier neighbourhood

le secteur de recrutement scolaire catchment area

la dérogation special permission to attend a school that is not in your catchment area

The film director, Laurent Cantet, decided to keep the north Paris setting, so the *Collège Françoise Dolto*, in the twentieth district of Paris, was chosen as the film's location, and a selection of its real-life students were picked to be the members of the form depicted in the film.

The twentieth district is at the bottom end of the scale of wealth of the districts of Paris, where a substantial proportion of the population lives below the poverty line (22.3% in 2012, no figures available for 2007) and unemployment is high (13.9% in 2007). It is, however, a lively and dynamic area, with varied communities living peacefully alongside each other and a vibrant multicultural community life. We can be almost certain that all the students of the *collège* live in the surrounding *quartier*, since, in France, the education system means that, with very few exceptions, students go to their neighbourhood school. One such exception is exemplified by the arrival in 4e3 of Carl, who has been excluded from his previous school and is allocated a place at the *collège* observed in *Entre les murs*.

The surroundings in which the students of *Entre les murs* lead their daily lives is as urban as it gets in France. As a result, we see students who have urban concerns, and may sometimes struggle to understand or identify with other life settings, although that is not exclusive to urban dwellers. Partly because their neighbourhood probably caters for all their needs, and partly because the family incomes do not allow for much spending outside of the absolutely necessary, it is hinted, in the film, that the students do not venture much out of their *quartier*. See number 7 in Top 10 quotations on page 95 — M. Marin joking to Khoumba and Esméralda about this.

GRADE BOOSTER

The social context of *Entre les murs* is determined by the fact that the film is an adaptation of the book by François Bégaudeau, which carries the same title. In the book, the author recounts his life as a teacher in a deprived neighbourhood in the north of Paris.

In many ways, the social context of form 4^{e}3 is highly reflective of the social context of the students' neighbourhood. The members of that class come from a multitude of origins, and they obviously reflect the origins of the inhabitants of their neighbourhood, as well as representing, on a larger scale, the various waves of immigration to France from several regions of the world. We have in that class some students whose parents, or nowadays even grandparents, might have emigrated to France during or after the colonial independence wars, for example the students of Maghrebi and Black African origin who, having been born in France, are effectively French citizens but feel either torn between two cultures or disenfranchised because they suffer from racism. This Parisian neighbourhood could not be qualified as a 'ghetto', since many white French families live there, so it is possible to say that the twentieth district of Paris has a real mix of cultures. Finally, we see examples of ongoing immigration into France, such as Wei and his family, who have arrived so recently that Wei still struggles with the French language, and that, within the narrative of the film, offers a real example of the life conditions of illegal immigrants in France.

According to some analysts, the lasting economic struggle that started in the 1970s created a lot of poverty in France and has led to a present that can no longer support substantial amounts of economic immigration. To add to that, *Entre les murs* reminds us that students of Muslim or foreign background feel disenfranchised and under attack, due to various political, national and global events in the few years preceding 2007, when the film was made.

Évènements-clés du début du XXIe siècle

L'histoire contemporaine de la France se retrouve par allusions dans *Entre les murs*. Entre les lois de plus en plus strictes sur l'immigration et la discrimination que subissent beaucoup d'immigrés et descendants d'immigrés, il est difficile pour les jeunes que nous observons de ne pas se sentir **indifférents** ou **en décalage**. L'actualité montre que la discrimination peut avoir des conséquences dramatiques, comme les **émeutes** de Clichy-sous-Bois en 2005. D'autre part, même si les lois sur l'immigration sont de plus en plus strictes, beaucoup d'étrangers sans droits arrivent à rentrer et à vivre en France, et l'on voit les enseignants, en particulier, se battre contre l'expulsion de parents ou de familles.

indifférent(e) disengaged

en décalage alienated

l'émeute (f) riot

GRADE *BOOSTER*

In order to understand and appreciate *Entre les murs* fully, make sure you have a good understanding of its social, political and historical context.

Ever since its industrial revolution in the nineteenth century, France has become a homeland for various waves of immigration, first from Europe (Italy, Spain, Portugal), fleeing war or seeking better economic conditions; then from its (former) colonies (Maghreb, Middle East, Asia, sub-Saharan Africa), to rebuild France after the Second World War and to fill the workforce needs of its strong economic expansion during **les Trente Glorieuses** (1946–75). 1974 marks the beginning of the control of immigration, and this continues to the present day, due to difficult economic conditions.

Both the book and the film *Entre les murs* are documentary in so far as they purport to be a window into the microcosm of school today. They are therefore firmly anchored in contemporary France, although to be very precise, the 'today' of the making of the film is the summer of 2007, which leads the students to make a number of references to events recent for them.

Since the September 11 attacks on New York, young Muslims feel, rightly or wrongly, under constant attack and harassed because of their religion. The growing disenchantment and alienation felt by new immigrants and second/third generation immigrants has meant that they might have sought refuge in a religion that has become very important to them. Often it is a very real and visible part of their identity (e.g. Souleymane referring to his tattoo of a quotation of the Quran, and his avowal to live by that quotation), which is in contradiction with the secular society in which they live, which wants religion to remain a private matter. With no work and therefore no real means to integrate into French society, the inhabitants of the deprived areas of France continue to feel like outsiders. This is particularly true when young people who are visibly of foreign origin feel especially targeted by the police random identity checks.

An example of how these fraught interactions with the police can have dramatic consequences, and leave a lasting legacy in the minds of people, young or old, is the series of riots that spread through some eastern suburbs of Paris in 2005.

In June of that year, Nicolas Sarkozy, who was already intending to be a candidate in the 2007 presidential election on a hard-line ticket of return to law and order, especially in urban areas, said during a visit to the town of Argenteuil that he intended to clean out the *banlieues*, having, in the past, already used very demeaning vocabulary to refer to some inhabitants of said *banlieues*: *racaille* and *voyous* (scum, riff-raff, thugs).

Shortly after that, in Clichy-sous-Bois, northeast of Paris, three youngsters were submitted to a police identity check. Two of them ran away, were chased by the officers, took refuge in an electricity substation and died after they were electrocuted. The following morning, in a questionable defence of the police's actions, Interior Minister Nicolas Sarkozy said that the youngsters had committed theft on a building site, which turned out not to be true. After tear gas found its way into a mosque the following day, confrontations started between the police and the young people of the area, who felt under attack. The riots spread to surrounding towns and lasted 3 weeks. After this, France tried

les Trente Glorieuses
30 years of prosperity in France after the Second World War

9

to find explanations and solutions, but only vague and empty comments were made, hiding the fact that the true problems were racism and discrimination, and the semi-permanent tensions between youngsters and the police. Many parliamentary committees have been formed, over the years, to report on racism and discriminations and suggest measures against them, but the situation on the ground has not particularly improved. The inhabitants of the poorest urban areas of France feel disengaged and alienated from the rest of society.

These facts could explain why we often see, in *Entre les murs*, the students of African origin (Maghrebi and black) objecting to various things the teacher is saying in class. The most obvious example is Khoumba and Esméralda asking M. Marin to start using names of African origin in his examples, rather than always using names from European or American cultures, since the African nations are more represented in the class than American ones, at least. Later, when Esméralda has to acknowledge that she is indeed of French nationality (which suggests that she identifies more closely with another nation or culture), she quickly adds that she is not proud of being French. This is another example of the youngsters whose parents or grandparents immigrated to France not feeling part of the French nation, either because they feel rejected by the authorities or pulled away from the French/Western/European culture by their families and their culture of origin.

Continuing with the subject of immigration laws (or 'migration controls'), one thing we witness in *Entre les murs* is the mobilisation of schools to support parents of schoolchildren who may have been caught by the police with no valid visas or residency permits (effectively they are illegal immigrants), and who are going to be removed from French territory and repatriated to their country of origin. It is announced in the staff room that Wei's mother has been found by the police to have no valid documentation allowing her to be in France, so she is going to be deported. As we see here, this may happen to people who have lived in France for a very long time, long enough to have children well integrated into school.

The criteria to be granted the equivalent of 'indefinite leave to remain' on French territory have been tightened, particularly since the early 2000s, but unless you are caught by the police, it is possible to outstay a visa for a very long time (on this particular theme, see the film *Samba*, by Nakache and Toledano). Refugees and asylum seekers find themselves in a different situation, in so far as the authorities will grant permanent or temporary leave to remain according to the validity of the refugee or asylum seeker's claim. The link with schooling is that it is considered very important to send children to school (it is a fundamental human right), and once a child has settled into a school the teachers will fight against deportation of the children or family members. This reaction has been so strong that the government has had to back off deporting the families of children already going to school (notably in 2004), thanks in part to the *Réseau Éducation Sans Frontières*. In 2006 several prominent personalities even called

TASK
1 Donnez quelques exemples qui montrent les oppositions entre la nationalité française des élèves et les nationalités ou cultures auxquelles ils s'identifient.

Key quotation

[...] c'est comme ça, tu te promènes, t'es au mauvais endroit au mauvais moment, puis y'a une rafle, puis on t'embarque, hein...
(La CPE)

TASK
2 Décrivez la façon dont le film illustre l'implication des profs dans la défense et le soutien aux élèves et à leurs familles quand ils sont menacés d'expulsion.

for civil disobedience by hiding families and children of people threatened with deportation. All these events will still be present in the minds of the young people acting in *Entre les murs* and will be informing their reactions to various classroom events.

Le microcosme de l'école

Malgré le fait que le film observe spécifiquement une classe de quatrième, le film fait réfléchir sur le système scolaire dans son entier et offre quelques aperçus des aspirations des jeunes et de leurs parents pour leur futur. Pour en arriver à la quatrième, avec leurs forces et leurs faiblesses (scolaires), les élèves ont dû suivre les années d'école maternelle, de primaire, et les deux premières années de collège. Que le collège que nous suivons souffre ou non de difficultés liées au **niveau d'attention** et de motivation de ses élèves, ces mêmes élèves sont dans un système qui doit les amener à l'âge de 16 ans, équipés d'un certain nombre de **connaissances** qui doivent leur permettre soit de continuer des études, soit de faire face à **la vie active**.

le niveau d'attention attention span

les connaissances (f) knowledge

la vie active working life

In order to make full sense of what we see happening in *Entre les murs,* it is useful to have a reminder of the French school system shown below.

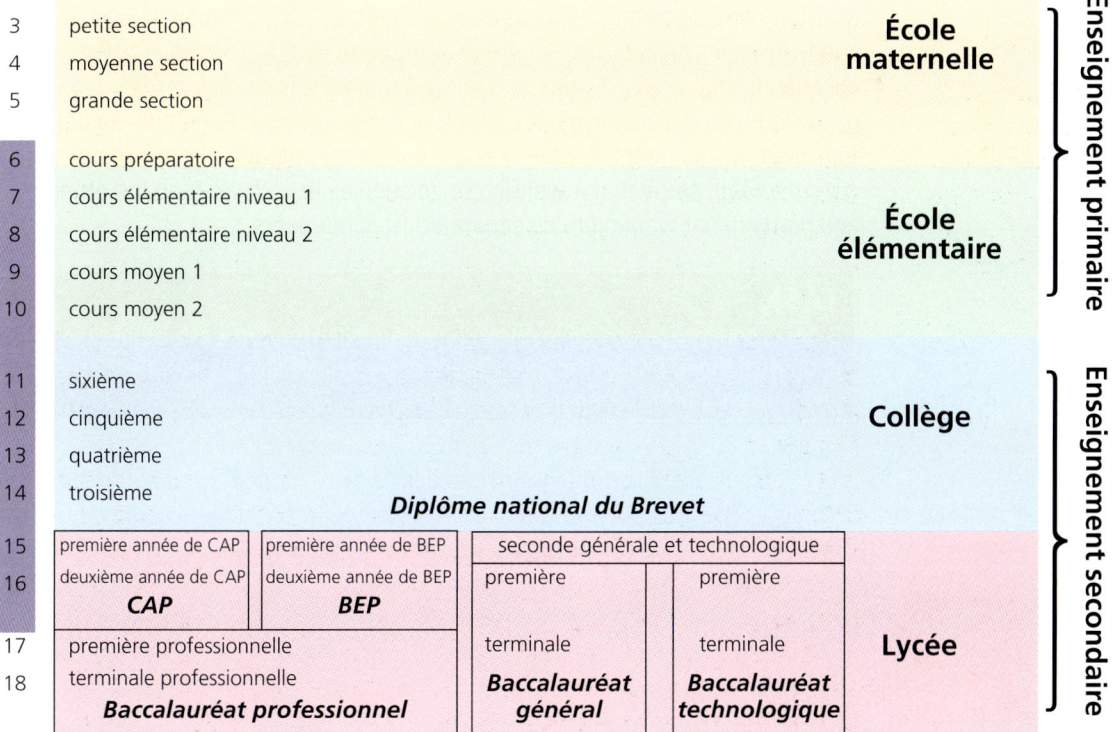

3	petite section		**École maternelle**	**Enseignement primaire**
4	moyenne section			
5	grande section			
6	cours préparatoire		**École élémentaire**	
7	cours élémentaire niveau 1			
8	cours élémentaire niveau 2			
9	cours moyen 1			
10	cours moyen 2			
11	sixième		**Collège**	**Enseignement secondaire**
12	cinquième			
13	quatrième			
14	troisième	*Diplôme national du Brevet*		

15	première année de CAP	première année de BEP	seconde générale et technologique			**Lycée**
16	deuxième année de CAP	deuxième année de BEP	première	première		
	CAP	**BEP**				
17	première professionnelle		terminale	terminale		
18	terminale professionnelle					
	Baccalauréat professionnel		**Baccalauréat général**	**Baccalauréat technologique**		

In purple, on the left-hand side, are indicated the years of compulsory education. In bold and italics is the diploma you can gain at the end of each cycle, and must gain to progress to the next level. The ages indicated alongside each school year correspond to standard progress through the education system. Remember that, in the French system, you can 'double' (repeat) a year (*redoubler son CE2, sa 4ᵉ, sa seconde*) if you do not get an overall average mark of 10/20 in your class tests over the year. In recent years this rule has been relaxed somewhat, but doubling a year still happens.

Over the course of the film, we hear a few references to education beyond the *collège*, for example when Burak's mum states to M. Marin that she'd like her son to go to 'Henri IV', one of the most renowned and academically successful schools in Paris (that's mostly because it is located in the most privileged area of the capital). It is not clear from her statement whether she'd like Burak to go to the *collège* section of Henri IV as soon as possible, or to the *lycée* section when he finishes his years at Françoise Dolto, in order to give him the best chances to get into a demanding course at university or to go into one of the *Grandes Écoles* and get a chance to become part of the educated elite of France. We see, through this example, that although France seeks to have an egalitarian education system, some schools are perceived as better than others because of the social make-up of catchment areas of towns and cities.

Another education-related conversation happens at the end of the year between M. Marin and Henriette, who has been as quiet as a mouse all year, and suddenly expresses anxiety about not wanting to go to *professionnel*, the more vocational kind of post-16-year-old educational institution. Her anxiety is related partly to the undeservedly poor reputation these *lycées* have (people mistakenly thinking that you go there when you are not clever enough to do a general *baccalauréat*), partly to not wanting to be seen as less clever than the others, and partly to not wanting to be separated from her peers.

TASK

3 Vous souvenez-vous de la raison pour laquelle Henriette est inquiète, à la fin de l'année ? Quel rapport y a-t-il entre cela et son inquiétude d'être envoyée en « *professionnel* » ?

Activités

Connaissances

1 Relisez ce chapitre et répondez à ces questions :

1 Quelles sont les principales caractéristiques du milieu social du XXᵉ arrondissement de Paris ?
2 Qu'est-ce qui nous montre, dans le film, que l'environnement où vivent les élèves est plutôt restreint ?
3 Dans quelle mesure la classe est-elle un reflet du quartier ?
4 D'où venaient les immigrés de la première vague de migration en France ?
5 Et la deuxième ?
6 Qu'est-ce qui a déclenché les émeutes de 2005 ?
7 Combien de temps ont-elles duré ?
8 En quelle classe du système anglais seraient les élèves d'*Entre les murs* ?
9 Pourquoi la mère de Burak veut-elle qu'il aille au collège ou lycée Henri IV ?
10 Expliquez ce que veut dire « redouble ».

Grammaire

Les pronoms interrogatifs et exclamatifs : *quel*, *quelle*, *quels*, *quelles*

2 Écrivez le pronom correct dans chaque espace, puis traduisez chaque question ou exclamation.

1 .... élèves reconnaissez-vous particulièrement dans cette classe ?
2 .... matière étudient-ils avec M. Marin ?
3 .... bruit ils font quand ils entrent dans la classe !
4 .... plaisir ont les élèves de recevoir les autoportraits que M. Marin a imprimé !
5 .... sont les activités que nous allons faire aujourd'hui ?
6 .... peuvent être les raisons expliquant le comportement de Souleymane ?
7 .... question idiote !
8 .... travail remarquable, bravo !
9 Pour noter ses élèves, ... critères M. Marin utilise-t-il ?
10 .... belle photo !

Les pronoms disjonctifs et réfléchis (A-level only)

3 Commencez par écrire, de mémoire, ce qu'ils sont.

1 **Moi** (-même)
2 ………. (-même)
3 ………. (-même)
4 ………. (-même)
5 ………. (-même)
6 ………. (-mêmes)
7 ………. (-mêmes)
8 ………. (-mêmes)
9 ………. (-mêmes)

4 Maintenant mettez le pronom approprié dans chaque espace. Chaque pronom ne peut être utilisé qu'une seule fois.

1 Souleymane a ………. expliqué la signification de son tatouage.
2 Et ………. ? Qu'en penses-tu ?
3 Je pense que c'est une parole très sage, ……….
4 Vis-tu ………. selon cette philosophie ? Et tes copains, ………. , qu'est-ce qu'ils en pensent ?
5 Boubacar, ………. , explique la signification du tatouage dans un langage beaucoup plus familier.
6 Esméralda, ………. , est très dédaigneuse vis-à-vis des justifications de Souleymane.
7 Pouvons-nous décider par ………. s'il s'agit d'une excuse acceptable ?
8 ………. ? Qui, nous ?
9 ………. et les autres élèves de ma classe, évidemment ! Ma meilleure amie ………. l'a suggéré.
10 Et les filles de la classe, elles vont étudier avec ……….
11 Non, je pense qu'elles vont étudier par ……….
12 Je suis contente de voir que vous avez fait un effort pour penser par ……….
13 Il faut être strict avec ………. si l'on veut réussir.

Contexte

Historique

- Attentats terroristes
- Émeutes de 2005 à Clichy-sous-Bois
- 19 juin 2005 : Nicolas Sarkozy déclare qu'il veut « nettoyer la cité au Kärcher »

Contexte

Social

- L'environnement urbain
- Les élèves de culture musulmane se sentent attaqués et en décalage
- Lieu multiculturel
- Classe ouvrière, pas très riche
- Multiples nationalités d'origine
- Vagues de migration vers la France
  - élèves de première et deuxième génération
  - d'autres arrivés en France récemment

Vocabulaire

Note: for vocabulary on urban life and immigration, see Chapter 4, 'Themes'.

le bureau desk

le CDI (centre de documentation et d'information) learning resources centre

la chaise chair

le conseil de classe termly class teachers' meeting

le conseil de discipline disciplinary hearing

la copie exercise, script

la cour school playground

le devoir homework

le directeur, la directrice head teacher

la discipline discipline, but also sometimes subject

enseigner to teach

la notation marking, grading

la note mark

le personnel enseignant teaching staff

le poster, l'affiche (f) poster

le programme curriculum

le réfectoire, la cantine refectory, canteen

la salle de classe classroom

le système éducatif education system

la table table

le tableau blanc whiteboard

le tableau d'affichage noticeboard

le tableau interactif interactive board

le tableau noir blackboard

3 Scene summaries

La rentrée
[00:00:00–00:04:24]

Dans un café, François Marin boit un café au zinc d'un bar, puis il se rend au collège où il enseigne, pour la réunion de pré-rentrée. Au collège, préparation pour **la rentrée** scolaire, par exemple installation des bureaux dans les salles. Dans la **salle des professeurs**, l'ensemble du personnel est réuni et les profs ainsi que les autres membres du personnel se présentent aux nouveaux arrivants. François Marin est le dernier prof que l'on voit se présenter. **Le proviseur** distribue les **emplois du temps** et les listes de classes. Il invite toute l'équipe au pot de pré-rentrée. Les profs discutent ensemble de leur emploi du temps, des classes et des élèves auxquels ils vont enseigner.

la rentrée back-to-school day

la salle des professeurs staff room

le proviseur headmaster

l'emploi (*m*) **du temps** timetable

Activity

1 **Les adjectifs numéraux ordinaux.** Écrivez dans les phrases ci-dessous les équivalents de 1st, 2nd, 3rd, 4th…10th (dans cet ordre). N'oubliez pas l'accord masculin, féminin, singulier, pluriel.
   1 Le ………. personnage que l'on voit est François Marin.
   2 La ………. et la ………. personne sont deux collègues.
   3 La ……….-trois est la classe dont M. Marin est prof principal.
   4 On n'entend pas vraiment parler des classes de ………. ou ………..
   5 Pendant la ………. heure de la journée, les profs sont en réunion.
   6 Pendant la ………. heure, ils prennent un verre ensemble.
   7 À la ………. heure, ils rentrent chez eux.
   8 Parfois, un prof fête sa ………. année d'enseignement.

> ### Build critical skills
>
> **1** Quel message le réalisateur veut-il nous faire passer, en nous montrant François Marin comme la dernière personne à se présenter ?

▲ M. Marin in front of the class

Première rencontre avec la classe
[00:04:24-00:08:03]

accueillir to welcome

s'installer to take one's place

il est dommage it is a pity/shame

Dans le couloir, M. Marin **accueille** sa classe (de 4e3) qui arrive pour son premier cours avec lui. Dans la salle de classe, les élèves se disputent les places où ils veulent s'asseoir, et **s'installent** bruyamment. François essaie d'obtenir le calme. Il leur explique qu'**il est dommage** de perdre autant de temps sur l'heure de cours, mais on voit Khoumba intervenir pour la première fois et soutenir qu'il est exagéré de dire que, sur une heure de l'emploi du temps, il est possible de faire cours une heure entière. Dans la salle des professeurs, François prépare un cours, une prof distribue des biscuits, d'autres discutent.

Key quotation

[...] ça fait des milliers de minutes qu'on perd. Y'a d'autres collèges où sur une heure, ils travaillent une heure. Vous vous rendez compte de l'avance qu'ils ont sur vous ? Après on s'étonne...

(M. Marin)

Activity

2 **Adverbes d'intensité ou de quantité.** Insérez le mot correct dans chaque espace.

assez	plus
beaucoup	la plupart
très	plusieurs
trop	presque
moins	tant

*En entrant dans la classe, **1** .... élèves saluent M. Marin. À ce moment-là, on voit **2** .... les élèves que M. Marin. Avant de s'installer, les élèves font **3** .... de bruit. Il y a **4** .... de bruit que M. Marin doit parler **5** .... fort que les élèves pour les faire taire (to get them to be quiet), mais c'est **6** .... difficile. **7** .... des élèves finit par se taire. M. Marin explique que la classe prend **8** .... de temps pour s'installer, mais Khoumba pense qu'il est **9** .... exagéré de dire que sur une heure planifiée, on fait une heure de cours effective. Quand M. Marin demande d'écrire son nom sur une feuille, **10** .... tous les élèves obéissent.*

Un cours de français
[00:08:03–00:14:19]

François demande aux élèves quels mots ils ne comprennent pas dans le texte qu'ils étudient. Souleymane n'a pas ses **affaires de classe**, et dit qu'il va travailler à la maison sur un ton assez **insolent**. Esméralda et Khoumba demandent pourquoi M. Marin utilise toujours des noms à consonance occidentale dans les exemples donnés, puis suggèrent un nom plus représentatif des membres de la classe. En salle des profs, un nouveau collègue, professeur d'histoire, demande si François serait intéressé par un travail **interdisciplinaire**, mais François lui explique que le niveau des élèves est trop faible.

les affaires (*f*) **de classe** stationery and books needed for schoolwork

insolent(e) rude

interdisciplinaire done in collaboration with another subject

Activity

3 **Les adverbes — formation.** Insérez le mot correct dans chaque espace.

clairement	stupidement
méchamment	bruyamment
plaisamment	

M. Marin demande **1** *.......... aux élèves de dire quels mots de leur texte ils ne comprennent pas. Esméralda répond un peu* **2** *.......... que tout le monde sauf Wei connait le mot « autrichienne ». M. Marin explique* **3** *.......... le mot. Damien dit un peu* **4** *.......... que l'argenterie est l'habitant de l'Argentine. Du coup, la classe se met à rire et à faire* **5** *.......... des commentaires.*

Key quotation

Oui, mais enfin, Khoumba, tu comprends bien que si je choisis à chaque fois des prénoms en fonction des origines diverses qu'il y a dans cette classe, je vais pas m'en sortir…
(M. Marin)

Point de grammaire
[00:14:19–00:23:08]

En classe, les élèves de 4e3 ont une **interrogation écrite**. Esméralda demande pourquoi on précise imparfait de l'indicatif, François demande aux autres élèves quel autre imparfait existe. Khoumba hésite mais donne un exemple de l'imparfait du subjonctif, qui se révèle être correct. Elle est enchantée. Les élèves **se plaignent** et trouvent que ce temps est inutile à apprendre, il y a beaucoup de commentaires et François a du mal à parler sans être interrompu. François explique que l'imparfait est toujours utilisé, mais peut-être dans un langage plutôt snob, un peu **maniéré**. Boubacar suggère que cela fait référence aux homosexuels,

interrogation (*f*) **écrite** written test

se plaindre to complain

maniéré(e) affected

Key quotations

Non mais c'est abuser !
Si je savais je vous le
demanderais pas !
(Esméralda)

C'est pas pareil que le
langage de maintenant.
Excusez-moi mais ça
c'était avant.
(Angélica au sujet de
l'imparfait du subjonctif)

Quelqu'un de normal !
(Boubacar, quand M. Marin
suggère ses amis comme
exemple de personnes
qui utilisent le subjonctif
imparfait)

ce que François corrige. Boubacar interrompt en disant que Souleymane a une question à poser. Souleymane finit par demander si la rumeur autour de François est fondée : est-il homosexuel ? François répond par la négative, Souleymane n'a pas l'air de le croire. La cour de récréation : Souleymane prend en photo ses camarades de classe.

Activity

4 Les adjectifs démonstratifs. Placez l'adjectif démonstratif (*ce, cet, cette, ces*) correct dans les espaces de ce texte.

1 .... *séquence se passe principalement dans la classe.*
Dans **2** .... *cadre, on voit une nouvelle forme d'interaction entre M. Marin et ses élèves pendant un de ses cours. Après* **3** .... *interrogation écrite les élèves discutent de l'imparfait.* **4** .... *temps existe dans deux modes, l'indicatif et le subjonctif. Khoumba suggère un exemple au subjonctif, et* **5** .... *intervention est correcte. D'autres élèves pensent que* **6** .... *formes verbales sont inutiles. Boubacar parle avec Souleymane et pousse* **7** .... *dernier (the latter) à poser une question.* **8** .... *adolescent veut savoir si les rumeurs que M. Marin est homosexuel sont vraies. M. Marin dissipe facilement* **9** .... *rumeurs.*

Difficile pour les élèves, et pour les profs aussi

[00:23:08-00:27:56]

au tableau at the
blackboard

conjuguer to
conjugate (work out
the various forms of a
verb in a given tense)

cassant(e) cutting,
abrupt

Salle de classe : Lucie est **au tableau** et peine à **conjuguer** le verbe croitre. Commentaires du reste de la classe. François finit par se plaindre que la classe n'a pas plus de concentration qu'une classe de petits enfants. Les élèves crient en signe de protestation et Khoumba déclare que M. Marin a la réputation d'être **cassant** avec ses élèves (« vous charriez trop »).
Transition à la salle des profs : un prof arrive en colère et à bout et se plaint amèrement d'une classe. Quand il a fini de s'exprimer, un de ses collègues lui propose d'aller prendre l'air.

Key quotation

Tout ce que je vois, c'est que vous êtes incapables de réfléchir sur la même chose plus de 20 secondes, on dirait des enfants de 3 ans.
(M. Marin)

Activity

5 Croire. Le verbe *croitre* est rare en français mais le verbe *croire* est beaucoup plus courant. Remplissez le tableau suivant avec la forme correcte du verbe *croire*.

Présent : Tu **1** ………. Vous **2** ……….

Imparfait : Je **3** ………. Nous **4** ……….

Passé composé : Tu **5** ………. Nous **6** ……….

Futur : Je **7** ………. Ils/elles **8** ……….

Conditionnel : Tu **9** ………. Vous **10** ……….

Subjonctif présent : Il faut que je **11** ………., que vous **12** ……….

▲ Esméralda and others with heads down, reading Anne Frank's diary

Khoumba se rebelle
[00:27:56–00:40:00]

Les devoirs (lire un extrait d'un livre), n'ont pas été faits. Khoumba semble **bouder**, ou au moins, être mécontente. François demande un volontaire pour lire mais personne ne **lève le doigt**. Il désigne alors Khoumba qui refuse purement et simplement de lire, et rentre dans une dispute avec M. Marin. Esméralda se montre au contraire extrêmement coopérative et lit l'extrait. François propose aux élèves d'écrire un **autoportrait**. L'atmosphère de la classe **se détend** autour d'une discussion (les élèves pensent que leur vie n'est pas passionnante et qu'ils n'ont pas d'expérience de la vie ; ils ne sont pas surs de vouloir révéler certaines choses). À la fin de l'heure, M. Marin demande à Khoumba de s'expliquer sur son comportement puis de s'excuser. Khoumba se justifie en disant qu'elle n'est plus une **gamine**, rechigne mais finit par s'excuser. Dans le couloir, elle crie qu'elle n'était pas sincère. François est en colère.

bouder to sulk

lever le doigt to put your hand up to volunteer

l'autoportrait (*m*) a self-portrait

se détendre to relax

le/la gamin(e) child

Activity

6 **La négation.** Utilisez les particules négatives (*ne/n'* + *jamais, nulle part, personne, plus, rien*) correctes dans chacune de ces phrases.

*Il **1** ..... a ..... dans la classe qui ait fait les devoirs. Il **2** .....y a ..... que M. Marin puisse faire pour convaincre un volontaire de lire. M. Marin est très étonné, car l'année précédente, Khoumba **3** ..... s'est ..... montrée insolente. Quand il lui parle après le cours, Khoumba veut partir mais il **4** ..... la laisse aller .....avant de s'excuser. Pour se justifier, Khoumba dit qu'elle **5** .....est ..... une gamine.*

▲ Khoumba

Conseil d'administration
[00:40:00–00:47:17]

Au CDI : réunion avec le proviseur, des professeurs et des parents d'élèves qui discutent du nouveau système de points pour punir les infractions. Ils discutent de l'importance et de l'utilisation des punitions. Puis la réunion se clôt sur l'augmentation du prix des cafés. François retourne dans la salle des professeurs et trouve dans son **casier** la **rédaction** que Khoumba a écrit au sujet du respect. Voix off de Khoumba qui lit la rédaction.

le casier pigeonhole

la rédaction short essay, piece of writing

Activity

7 **Le discours indirect.** Mettez les verbes ci-dessous au temps adéquat pour rapporter les échanges de la discussion à propos de la machine à café.

*C'est le directeur qui a introduit la question. La prof a continué en disant que la machine à café (être) **1** .... en effet un sujet sensible. Elle a dit que tout le monde (être) **2** .... d'accord pour dire que cette année il y (avoir) **3** .... un problème, puisque le prix des cafés (avoir) **4** .... augmenté de 10 centimes. Elle a avoué que cela (paraitre) **5** .... mesquin, mais que puisque les profs (prendre) **6** .... plusieurs cafés par jour, la dépense supplémentaire (s'accumuler) **7** .... et devenait assez conséquente (substantial). Elle a déclaré que c'(être devenu) **8** .... un tel problème que les profs (s'être cotisés) **9** .... pour acheter une cafetière pour pouvoir prendre des cafés à volonté (as much as they wanted). L'intendant (the bursar) a répondu que la machine précédente (être remplacée) **10** .... car elle n'était pas rentable (profitable). Il a ensuite ajouté que la machine présente n'(être) **11** .... toujours pas rentable. La prof a répondu ironiquement qu'elle (être) **12** .... désolée. Et l'intendant a conclu en disant que c'(être) **13** .... la raison de l'augmentation de 10 centimes du prix des cafés. La prof (être) **14** .... surprise que personne ne fût* choqué par cette déclaration de l'intendant.*

*fût = imparfait du subjonctif

Key quotation

Les punitions n'ont plus aucun effet sur les élèves…
(Un prof)

C'est d'avoir affaire à des règles extrêmement strictes qui mène aux plus grandes tensions.
(M. Marin)

Build critical skills

2 Quelle impression donne la discussion du prix des cafés ?
3 Pourquoi a-t-on la lecture de la rédaction de Khoumba à ce moment du film et seulement en voix off ?

Autoportraits
[00:47:17–00:57:51]

Dans la salle de classe, les élèves écrivent leur autoportrait. Esméralda n'est plus à la même place (à côté de Khoumba), vraisemblablement parce qu'elles se sont disputées. Esméralda, Wei et Rabah lisent leurs portraits en classe. Quand Rabah a fini de lire, un de ses copains prend sa **feuille** et Boubacar lit les deux dernières phrases, que Rabah n'avait pas **osé** lire. La classe rit, M. Marin défend Rabah. François demande à Souleymane de lire son autoportrait, qui est extrêmement court, alors M. Marin **se fâche contre** lui car il refuse de travailler. Souleymane se justifie maladroitement, puis une dispute éclate avec Esméralda. Souleymane finit par expliquer la signification de son tatouage. Le proviseur arrive dans la classe avec un nouvel élève : Carl. À la fin de l'heure, François discute avec le nouveau.

la feuille sheet of paper (in this context)
oser to dare
se fâcher contre to get angry with

Activity

8 Les mots interrogatifs. Traduisez les questions ci-dessous et répondez-y brièvement en français.
1 Where is Esméralda seated? Why?
2 When does Boubacar read the end of Rabah's self-portrait?
3 Who are the two students who argue?
4 Which students read their self-portraits?
5 What justification does Souleymane use for the brevity of his self-portrait?
6 What does M. Marin do while the students write?
7 What starts the argument between Souleymane and Esméralda?
8 Why does Rabah hide his work? Can we guess?
9 What is the new student's name?
10 Where does he sit?

la réunion parents-professeurs equivalent of parents' evening

Réunion parents-professeurs
[00:57:51-01:02:36]

Dans sa salle de classe, François parle avec les parents de Wei, Nassim, Arthur (sa mère est très défensive), Burak et Souleymane (son frère et sa mère semblent ne pas savoir qu'il y a des problèmes concernant le travail et **le comportement** de Souleymane au collège).

le comportement behaviour

Activity

9 Le subjonctif. Voici quelques éléments que les parents veulent, souhaitent ou espèrent que leurs enfants vont faire. Mettez les verbes entre parenthèses au subjonctif présent.
1 Les parents de Wei aimeraient qu'il (jouer) .... moins sur l'ordinateur, car ils craignent qu'il (abimer, *to damage*) .... ses yeux.
2 Le père de Nassim souhaite que son fils (faire) .... de bonnes études et qu'il (rendre) .... sa mère et son père fiers de lui.
3 La mère d'Arthur s'inquiète qu'on (vouloir) .... que son fils rentre dans la norme.
4 La mère de Burak ne pense pas que le collège (être) .... nul, mais qu'il est possible que Burak (avoir) .... des difficultés au lycée.
5 Le frère de Souleymane est surpris que M. Marin (dire) .... que Souleymane ne travaille pas au collège.

Key quotation

Moi, quand j'étais à son âge, j'avais pas cette chance.
(Le père de Nassim)

Avec sa maman on aimerait bien qu'on soit fiers de lui.
(Le père de Nassim)

Travail d'informatique
[01:02:36-01:08:33]

Dans le couloir, Souleymane montre des photos de sa mère à ses copains. En salle d'**informatique**, les élèves écrivent leur autoportrait. Souleymane **télécharge** des images depuis son téléphone. Esméralda pose une question à M. Marin. Il **taquine** Khoumba et Esméralda, qui sont à nouveau amies. François suggère des améliorations pour l'autoportrait de Souleymane. On passe d'un groupe d'élèves à l'autre. M. Marin affiche et présente au reste de la classe l'autoportrait en images de Souleymane. Souleymane sourit, l'air un peu embarrassé mais fier. Carl lit sa présentation aux élèves de la classe.

l'informatique (*f*) ICT
télécharger to upload or download
taquiner to tease

Activity

10 Le portrait de Carl.

a) Reliez chaque mot avec son équivalent anglais :

1 (les) Antilles
2 (la) cité
3 (un) délire
4 (un) frimeur
5 (une) nuit blanche
6 (un) pote
7 sévère
8 (un) skateur
9 (la) techno
a staying up all night
b a skater
c the French Caribbean
d strict
e a type of dance or music
f a pretentious person
g having fun
h a mate
i a neighbourhood made of blocks of flats

b) Remplissez les espaces avec les mots adéquats.

*J'aime jouer au foot, j'aime jouer sur l'ordinateur, j'aime jouer avec les jolies filles, j'aime aller en vacances aux **1** ...., j'aime les frites, le zouk et la dance soul, j'aime regarder MTV Base, j'aime mes parents et mon frère, mes **2** ...., faire des **3** ...., j'aime la série Tropiques amers, j'aime ma **4** ...., j'aime la série Sécurité Intérieure, j'aime manger au resto et me taper des **5** .... ; j'aime pas les gens qui pleurent*

> *pour rien, j'aime pas la* **6** .... *et la Tecktonik, j'aime pas les* **7** .... *et les frimeuses, j'aime pas aller voir mon frère en prison, j'aime pas la Nouvelle Star et la Star Académie, j'aime pas les hommes politiques, la guerre en Iraq, les Gothiques et les* **8** ...., *j'aime pas les profs* **9** ...., *j'aime pas les maths, les racistes, et j'aime pas Materazzi. J'aimais pas le collège Paul Éluard, et j'aime bien être ici.*

le/la CPE (conseiller/ère principal(e) d'éducation) pastoral director

les papiers (*m*) official papers (e.g. ID card, passport and proof of leave to remain)

un(e) avocat(e) a lawyer

le tribunal the law courts

L'arrestation de la mère de Wei
[01:08:33–01:11:39]

Salle des professeurs : la **CPE** raconte à ses collègues l'arrestation de la mère de Wei. Cette dernière n'a pas de **papiers** et sera renvoyée dans son pays. La CPE propose de collecter de l'argent pour pouvoir payer un **avocat**, et d'aller au **tribunal** où la mère de Wei va être jugée, pour voir s'ils peuvent faire quelque chose pour empêcher qu'elle soit renvoyée en Chine. Peu après, une prof annonce qu'elle est enceinte. Les profs prennent un verre pour fêter la nouvelle.

Key quotation

C'est dingue, ça fait 3 ans qu'elle est là.
(Une prof)

GRADE *BOOSTER*

Try to use a variety of forms and tenses in your essays, to show that you have a good grasp of French grammar.

Activity

11 **Le futur.** Mettez les verbes à la bonne forme du futur pour pouvoir remplir les blancs de ce texte.

> aller s'appeler collecter essayer être faire naitre

Si tout se passe comme le souhaitent les profs, ils **1** .... *assez d'argent pour payer un avocat pour la mère de Wei. Ils* **2** .... *ensuite au tribunal et ils* **3** .... *d'influencer le jugement. Ils* **4** .... *tout ce qu'ils peuvent pour empêcher la mère de Wei d'être expulsée vers la Chine. Quant au futur bébé de la prof, il* **5** .... *Enguerrand, et selon les souhaits de sa mère il* **6** .... *en bonne santé et* **7** .... *aussi intelligent que Wei.*

Discussions de classe
[01:11:39–01:20:41]

la cour de récréation school playground

le look one's appearance

Cour de récréation : des élèves jouent au football. Pendant le match, Souleymane et Carl se disputent. Souleymane insulte violemment Carl. Salle de classe : Nassim parle de sa passion, le football. Arthur s'adresse à la classe pour défendre son **look** (gothique). Les élèves font des commentaires. M. Marin essaye de pousser Arthur à réfléchir sur le fait qu'il veut être différent de la majorité mais en même temps il s'habille de la même façon que beaucoup d'autres gens. Boubacar intervient pour apporter son soutien à l'équipe de football de Côte d'Ivoire. Carl, Antillais, explique qu'il apporte son soutien à l'équipe de France. Boubacar **interrompt** poliment et soulève la question de la nationalité et de l'ethnicité. Souleymane **s'énerve**, insulte violemment Carl et Esméralda, et une dispute éclate. François emmène Souleymane chez le directeur. Interrogé par le directeur, Souleymane **se mure dans le silence**.

interrompre to interrupt

s'énerver to get angry

se murer dans le silence to withdraw/ retreat into silence

Activity

12 **Les adjectifs indéfinis.** Écrivez la forme correcte (masculin, féminin, singulier, pluriel) des adjectifs indéfinis dans les espaces appropriés de ce texte.

> aucun   autre   certain   même   quelque   tel   tout   chaque   plusieurs

1 ………. élève ne souhaite que Souleymane et Carl se battent ; 2 ………. copains de Souleymane l'empêchent d'approcher Carl. Dans la classe, chaque élève a le droit de venir devant la classe et de s'adresser à 3 ………. les membres de la classe. 4 ………. élève s'exprime au sujet du football, 5 ………. autre au sujet du look. Nassim est déçu et surpris que 6 ………. Africains de la classe ne soient intéressés que par l'équipe du Mali. Boubacar dit qu'il y a une 7 ………. équipe à supporter : la Côte d'Ivoire, mais seulement 8 ………. copains ont la 9 ………. opinion que lui.

▲ Class meeting

Le conseil de classe
[01:20:41–01:25:49]

le conseil de classe termly meeting to discuss the results of every form

le/la délégué(e) class representative

être offusqué(e) to take offence

Les profs de 4^e3 sont là, les deux **déléguées** sont Esméralda et Louise. Elles sont peu attentives et discutent. Les professeurs parlent de Souleymane et de son attitude. Les commentaires sont tous négatifs. Esméralda, puis M. Marin, plaident pour Souleymane mais M. Marin ajoute que Souleymane a peut-être atteint ses limites en milieu scolaire. Les déléguées sont **offusquées**.

Activity

13 Les pronoms objet, direct et indirect. Transformez les phrases en remplaçant les mots en gras (*bold*) par un pronom objet.

1 Louise et Esméralda sont présentes **au conseil de classe** : elles ………. sont.
2 Louise reçoit **les félicitations** du conseil de classe : elle ………. reçoit.
3 Esméralda quitte **la pièce** : elle ………. quitte.
4 Les profs parlent **de Souleymane** : ils ………. parlent.
5 Esméralda essaye de défendre **Souleymane** : elle essaye de ………. défendre.
6 Le commentaire de François choque **les déléguées** : le commentaire ………. choque.

Key quotation

— *Non, mais, je crois qu'il vaut mieux pas rentrer dans une logique de la sanction avec lui, je crois que c'est à partir de ce moment-là que ça va vraiment mal se passer.*

— *Non, mais ça se passe déjà super mal, là. On est déjà au-delà des limites.*

(M. Marin et son collègue d'histoire-géo, au sujet du comportement de Souleymane)

Questions d'après-conseil
[01:25:49–01:32:48]

la versification form of verse in a poem

arrondir to round up or down (in maths)

Salle de classe : François étudie **la versification** avec les élèves. Rabah intervient pour se plaindre que sa moyenne a été mal **arrondie**, suivi de Souleymane qui a appris que M. Marin a fait des commentaires durs sur lui. Il est vexé. M. Marin finit par dire qu'il trouve que Louise et Esméralda se sont comportées comme des « pétasses ». La classe entière se retourne contre lui, il s'énerve. Souleymane essaie de défendre les filles mais la discussion tourne mal. Il est allé trop loin et la classe comprend qu'il va avoir des problèmes et essaie de le calmer. Finalement, furieux, il quitte la salle de classe, en blessant involontairement Khoumba, et il sort en insultant M. Marin. Dans la salle des profs, François rédige une fiche incident. Puis François parle de l'incident avec le directeur, il essaie de minimiser la responsabilité de Souleymane, mais il faudra prendre une décision de **sanction** le lendemain.

la sanction punishment

Key quotation

Tous les profs, ils veulent se venger de moi, pourquoi ?
(Souleymane)

En tout cas ça dérangeait personne. [...] Y'a que vous qui pensez ça.
(Esméralda, quand M. Marin lui dit que son attitude au conseil de classe était discutable)

TASK

Immédiatement après avoir utilisé le mot « pétasses » en parlant de Louise et Esméralda (01:30:30), quelle technique M. Marin utilise-t-il pour essayer de reprendre sa position de supérieur au sein de la classe ?

Build critical skills

4 À votre avis, pourquoi Souleymane pense-t-il que les profs veulent se venger de lui (01:28:00-01:29:30) ? Est-ce uniquement un problème linguistique ?

Activity

14 **La voix passive.** Remettez les phrases suivantes à la voix active.
1 M. Marin est interrompu plusieurs fois par les élèves.
2 Le comportement d'Esméralda et Louise est critiqué par M. Marin.
3 Elles sont défendues par Souleymane.
4 Mais Souleymane est désavoué (*denounced*) par les élèves.
5 Souleymane est retenu (here, *restrained*) par Carl.
6 Khoumba est blessée par Souleymane.
7 M. Marin est insulté par Souleymane.

François confronte les filles
[01:32:48-01:39:19]

Dans les escaliers du collège, la CPE parle avec François : Louise et Esméralda se sont plaintes d'avoir été insultées, et que l'incident avec Souleymane avait été **déclenché** par ces insultes. M. Marin ne **nie** pas, mais il n'a pas mentionné l'évènement dans son rapport d'incident. Dans la cour du collège, François confronte les filles et leur demande pourquoi elles ont fait ça. La conversation est inutile, les élèves sont **braqués** contre lui. M. Marin rentre impuissant dans le collège, mais Khoumba le rejoint pour lui expliquer que si Souleymane est exclu du collège, son père l'enverra au Mali. François va fumer une cigarette à la cantine.

déclencher to trigger
nier to deny
être braqué(e) to be antagonised

Activity

15 Les pronoms objet — le bon ordre. D'abord, mettez les mots dans le bon ordre pour faire des phrases.

1 Les filles ont parlé de l'incident à la CPE. → parlé. en ont lui Elles ....
2 La CPE a dit aux filles qu'elle allait éclaircir la situation. → a le leur dit. Elle ....
3 Khoumba explique que Souleymane va avoir des problèmes. → lui le explique. Elle ....

Maintenant, utilisez les pronoms corrects dans le bon ordre pour transformer ces phrases.

4 M. Marin demande aux filles pourquoi elle se sont plaintes. → Il .... demande.
5 Elles disent à M. Marin qu'elles ont le droit de le faire. → Elles .... disent.
6 M. Marin n'a pas mentionné l'incident dans son premier rapport d'incident. → Il ne .... a pas mentionné.

Débat sur les punitions
[01:39:19–01:45:23]

l'équipe (f) **enseignante** teaching team

Salle des professeurs : **l'équipe enseignante** discute de l'incident et des conséquences pour Souleymane.

Bureau du proviseur : François doit compléter le récit de son rapport en indiquant qu'il a utilisé le mot « pétasse » en parlant des filles. Dans la salle des professeurs, François retravaille la description de l'incident.

Activity

16 Les pronoms relatifs — voir quand il faut utiliser *dont*. Dans ces phrases, écrivez *qui, que (qu')* or *dont* dans les espaces appropriés.

Les profs parlent de l'incident avec Souleymane. L'incident
1 .... *il est question s'est passé en classe. M. Marin a des remords. Les remords* **2** ....*il a le font réfléchir aux conséquences du conseil de discipline. Le conseil de discipline est une sanction* **3** .... *on devrait se servir en dernier recours, mais c'est une sanction* **4** .... *finit souvent par une exclusion. Les possibles conséquences au-delà du collège sont une chose* **5** .... *les profs ne peuvent pas prendre en compte. Le rapport,* **6** .... *M. Marin doit écrire une nouvelle version, doit faire mention des insultes aux déléguées, puisque c'est un document* **7** .... *va être utilisé pour le conseil de discipline.*

▲ Souleymane and his mother

Le conseil de discipline de Souleymane
[01:45:23–01:54:33]

Au CDI, la CPE, le proviseur, des parents, des élèves, des professeurs, François, Souleymane et sa mère arrivent au **conseil de discipline**. Souleymane **traduit** pour sa mère les propos tenus pendant le conseil. Les profs s'expriment, Souleymane est encore une fois muré dans son silence, sauf pour traduire. Sa mère s'excuse pour lui, et explique que Souleymane est un bon fils. Le conseil vote le renvoi de Souleymane. Il quitte le collège avec sa mère.

le conseil de discipline disciplinary hearing
traduire to translate

Activity

17 Ce qui et ce que(qu'). Utilisez ces deux locutions dans les phrases ci-dessous pour leur donner un sens.
1 Le conseil de discipline se passe au CDI, ... était prévu.
2 Souleymane traduit .... dit sa mère pour le reste des participants.
3 Souleymane se trouve en situation de jugement, ...doit être stressant.
4 Même s'il en a le droit, Souleymane refuse d'expliquer ....il a fait, ... ne peut pas agir en sa faveur.
5 .... dit la mère de Souleymane n'est pas suffisant pour éviter l'exclusion.
6 Le conseil vote pour le renvoi, ... les profs avaient plus ou moins prévu, et .... va être problématique pour Souleymane.

Build critical skills

5 En basant vos réponses sur des exemples du comportement de Souleymane aussi bien pendant l'année que pendant le conseil de discipline, comment expliqueriez-vous son comportement ?

Dernier jour d'école
[01:54:33–02:02:53]

le fascicule booklet

Salle de classe, dernier jour de cours, plusieurs élèves exposent, à la demande de M. Marin, ce qu'ils ont appris durant cette année scolaire. À la fin de l'heure, M. Marin distribue à chaque élève un **fascicule** contenant les autoportraits. Henriette vient parler à M. Marin de ses inquiétudes. Dans la cour, un match de football oppose les professeurs aux élèves. Salle de classe : elle est vide et les chaises sont parfois tombées. On entend les cris et voix de la cour.

Key quotation

Pourquoi ils nous le font enseigner, si y'a pas d'intérêt ?

(Carl au sujet des expériences en chimie)

C'est pas un livre de pétasse, hein ?

(Esméralda, sur sa lecture de *La République* de Platon)

Build critical skills

6 Après avoir regardé le film, trouvez-vous que le titre anglais (*The Class*) est une bonne traduction du titre français ? Pourquoi ou pourquoi pas ?

Activity

18 L'infinitif du passé composé. Mettez les verbes entre parenthèses à l'infinitif du passé composé.

1 Louise se souvient d'………. (étudier) la proportionnalité en maths.
2 Burak dit ………. vraiment ………. (aimer) l'étude de la tectonique en biologie.
3 Après ………. (dire) qu'il a appris les théorèmes de Thalès et Pythagore, Boubacar récite celui de Pythagore.
4 Angélica se souvient d'………. (être) très intéressée par l'étude du commerce triangulaire.
5 Carl explique ………. (faire) des expériences en chimie.
6 Khoumba révèle ………. (apprendre) un nouvel instrument de musique et ………. (retenir) comment dire « les vacances arrivent » en espagnol.
7 Après ………. (demander) à Esméralda ce qu'elle avait aimé lire pendant l'année, M. Marin se retrouve très étonné qu'elle ait lu Platon.
8 Personne dans la classe ne mentionne ………. (aller) dans un musée, ou bien ………. (aller) à l'étranger, ou bien ………. (sortir) au cinéma.
9 À la fin du cours, Henriette explique à M. Marin qu'elle a l'impression de n'………. <u>rien</u> ………. (apprendre), mais il lui répond qu'il impossible d'………. (être) au collège un an et <u>ne rien</u> ………. (apprendre).

Note that negations with perfect infinitives (see underlined words above) can be done in two ways.

GRADE BOOSTER

```
Don't just rely on notes to remember what is happening
in the film, in what order. Watch it three or four
times over the course of the year. Your knowledge of
it will show in your essays.
```

Activités

1 Que respondent Esméralda et Khoumba à M. Marin quand il dit que des milliers de minutes sont perdues parce que les élèves discutent ?

2 Que répond Souleymane à M. Marin quand il lui reproche de ne pas travailler en classe ?

3 Qu'est-ce que le cinéaste essaye de montrer avec les gros plans sur les élèves ?

4 Quelles sont les objections des élèves quand M. Marin leur parle de l'utilisation de l'imparfait du subjonctif ?

5 Analysez le rapport de force établi entre les élèves et le langage de la rue, contre le français formel des adultes, et qui plus est, d'un niveau d'éducation élevé.

6 Quelles raisons Khoumba donne-t-elle pour son refus de lire, pendant le cours et après le cours ?

7 Quelle impression donne la discussion du prix des cafés ?

8 Pourquoi entend-on la rédaction de Khoumba en voix off, et à ce moment-là ?

9 Pourquoi est-il intéressant de voir les parents de certains élèves discuter avec le prof ?

10 Sur quel sujet M. Marin taquine-t-il Esméralda et Khoumba ?

11 Dans quelles circonstances la mère de Wei a-t-elle été arrêtée ?

12 Quelle remarque de M. Marin choque les deux déléguées de classe ?

13 Que se passera-t-il, selon Khoumba, si Souleymane est renvoyé du collège ?

14 Trouvez-vous que le vocabulaire du programme scolaire (utilisé par les élèves pour parler de ce qu'ils ont appris pendant l'année) est similaire à l'anglais ?

Résumé des scènes

Jeunes

Adultes

Pré-rentrée.

1er cours; première intervention d'Esméralda.

Discussion entre M. Marin et prof d'histoire-géo : conclusion niveau de classe faible.

Interrogation puis discussion sur imparfait du subjonctif/de l'indicatif. Question de Souleymane sur l'éventuelle homosexualité de M. Marin. Commentaire de Khoumba contre M. Marin.

Prof poussé à bout par le comportement de ses élèves.

Refus de lire de Khoumba
Discussion des raisons pour lesquelles on n'a pas forcément envie de révéler certaines choses sur sa vie personnelle. Punition de Khoumba, excuses non-sincères.

Réunion des profs sur les punitions et le prix des cafés.

Ré-écriture des auto-portraits et lecture de quelques-uns. Souleymane utilise son tatouage pour justifier son silence et son manque de travail. Arrivée de Carl.

Réunion parents-profs.

Mise en document des autoportraits, affichage de celui de Souleymane.

Annonce de l'arrestation de la mère de Wei.

Affrontement entre Souleymane et Carl dans la cour. Première grosse dispute avec Souleymane.

Conseil de classe. Comportement immature de Louise et Esméralda.

La dispute autour du mot « pétasse » éclate. Souleymane réagit violemment et quitte la classe en blessant Khoumba.

Salle des profs : M. Marin rédige une fiche incident. Conversation avec le directeur. Conversation entre la CPE et M. Marin le lendemain dans l'escalier à propos des insultes.

M. Marin va confronter les filles dans la cour. Khoumba révèle que Souleymane va être renvoyé au bled s'il est exclu du collège.

M. Marin discute des conséquences d'une exclusion pour Souleymane avec quelques collègues. Conseil de discipline ; Souleymane est exclu.

Dernier jour de classe avant les vacances d'été : M. Marin discute avec ses élèves de ce qu'ils ont appris cette année. Appel à l'aide d'Henriette qui a l'impression de n'avoir rien appris, et ne veut pas aller en lycée professionnel. Match de foot de fin d'année, profs contre élèves.

Vocabulaire

à bout   at the end of one's tether

à ce qu'il parait   rumour has it

accoster les gens   to stop people in the street to talk

amèrement   bitterly

l'arcade (*f*) **sourcillière**   arch of the eyebrow

assumer   to take responsibility

avoir des réserves   to have some reservations/doubts (about something)

le bahut (*fam*)   secondary school

le bouffon   idiot (originally 'court jester')

la brume   mist

ce(s) dernier(s), cette/ces dernière(s)   the latter

le commerce triangulaire   slave trade

se comporter   to behave

croitre   to increase

le/la cuisinier/cuisinière   cook

la daronne (*fam*)   mother

les délibérés (*m*)   deliberations

désuet (**désuète**)   obsolete

l'écrit (*m*)   written language

embarquer   to take someone to the police station (*in the context of a police arrest*)

embrouiller les gens (*fam*)   to confuse people

s'enfoncer dans sa mouise (*fam*)   to sink deeper and deeper

en vouloir à quelqu'un   to resent someone

enchainer   to follow on

être au taquet (*fam*)   to be full on/full throttle

être cramé(e) (*fam*)   to be exposed

être fidèle au poste   to be long-serving, to soldier on

être juge et partie   to judge and be judged

se fâcher   to become impatient, cross

se faire arrêter, être arrêté(e)   to get arrested

la gravité des faits   seriousness of the events

impuissant(e)   here, helpless and cornered

insulter quelqu'un   to insult someone

l'intuition (f)   feeling, hunch

la lacune (f)   shortcoming, gap

la légende (sous une photo ou un graphique)   key (under a photo or a diagram)

mécontent(e)   unhappy (momentary) (not to be mixed up with *malheureux (-euse)*, which is a more long-term state of mind)

la mesure conservatoire   preventative measure

minimiser   to play down

se mobiliser   to organise some action

l'oral (m)   spoken language

peiner   to struggle

le permis à point   point-based licence

péter un cable (fam)   to blow a fuse, to lose it

le pot   celebratory drinks

prendre l'air   to get some fresh air

les propos (m)   words, what is being said

la punition   extra work or detention

purement et simplement   flatly

la rafle   roundup, raid

la raillerie   mocking, ridicule

rechigner   to do something reluctantly (e.g. *rechigner à lire* = to read reluctantly)

le registre courant   common usage

le registre soutenu   formal usage

se retourner contre quelqu'un   to turn against someone

taper (sur l'ordinateur)   to type

le tercet, le quatrain   stanza of three and four lines, respectively

tirer quelque chose de quelqu'un   to get something out of someone

tout est calculé   everything is decided beforehand

traiter quelqu'un de   to call someone [a name]

tutoyer   to call someone *tu* (as opposed to *vouvoyer*, to call someone *vous*)

le règlement de compte   settling the score

valoriser   to bring out the value of

virer quelqu'un   to throw someone out

la voix off   voice-over

4 Themes

In the context of literary and film analysis, a theme is a topic or an idea on which an author or film-maker focuses their thoughts, their discourse or their work, or around which an action might be organised. Applying this to *Entre les murs* requires us to identify the topics which Laurent Cantet, through the various things he shows us in the film, would like us to reflect on.

You will have identified a number of themes in *Entre les murs*; here we will particularly concentrate on the following:

- living together
- inequalities in education

There are a number of secondary themes related to each of the themes above: see the mind map on page 46.

Vivre ensemble

Le thème du « vivre ensemble » est particulièrement important dans *Entre les murs*, puisque l'on remarque que **le microcosme** de la classe et des individus qui la composent peuvent être vus comme un reflet non seulement du quartier où se trouve le collège mais aussi de la société française toute entière. Le vivre ensemble est une question clé pour la société française contemporaine, où l'on voit que les gens de cultures diverses, qu'elles soient ethniques, sociales, religieuses, ou autres, ont de plus en plus de mal à vivre ensemble. À l'échelle du collège d'*Entre les murs*, on voit ces mêmes tensions prendre forme, et souvent il faut gérer des affrontements de toutes sortes. Le collège en tant qu'établissement, bâtiment, joue bien sûr son rôle dans ce vivre ensemble.

**le microcosme
(= image réduite du monde, de la société)**
microcosm

Qui sont les membres de cette classe ?

La classe est un lieu où on peut observer les interactions d'un certain nombre de personnes qui ont été mises ensemble sans qu'on leur demande leur avis, et qui vont devoir vivre ensemble entre 7 et 9 heures par jour. C'est un lieu privilégié pour exercer **l'intégration** et **le multiculturalisme.** Leur seul point commun au départ est leur âge. Il leur faut donc apprendre très rapidement à tolérer et accepter les différences des autres, ou alors on voit les interactions évoluer vers le chaos.

l'intégration (*f*)
integration
le multiculturalisme
multiculturalism

Ever since the education reform which put in place the '*collège unique*' (a single type of school for all students aged 12 to 16), young people who have in common only their year of birth have been taught together in order to prepare them for their life beyond school, in *lycée* followed by higher education, or in vocational training, or in the world of work. So what we see in *Entre les murs* is a set of individuals who come with personal preferences, distinct hobbies, habits, various abilities and varying levels of enthusiasm or motivation, and a large spectrum of social and ethnic origins. They are, each and every one of them, a specific human being with all their background and baggage, and they have to manage to live together for a year because school has put them together to form the single entity Classe 4°3. Inevitably, all the personality aspects that have been brought together in that class are going to vie for space and recognition within the small physical and social space that has been allocated to them. This will lead, as we see often in the film, to confrontations, verbal or physical, but we also witness moments of harmony when the group suddenly has one aim and works together towards it: it might be writing in silence about a topic given by the teacher, or as a crowd wanting to bring the teacher down (for example in the school playground at the height of the tensions related to the '*pétasse*' insult).

You can find more details on the French education system in Chapter 2, 'Social and historical context'.

▲ In the school playground

Confrontations

l'affrontement (*m*)
physique ou verbal
physical or verbal
confrontation

les insultes (*f*) name-
calling

le coup punch

À cause des différentes personnalités qui se retrouvent dans un même espace et doivent se faire une place, un certain nombre de conflits, de plusieurs natures, se développent. Ces **affrontements** vont être physiques ou verbaux, ils vont aller des **insultes** jusqu'aux **coups**, intentionnels ou non, mais bien réels. Au-delà des attaques de front entre élèves, on peut aussi observer des rapports de force plus subtils, entre adultes et enfants, et entre enseignants et apprenants. Le film nous montre donc une microsociété ou les rapports de force sont extrêmement importants mais aussi en perpétuelle remise en question, puisque chacun peut briller ou faire preuve de qualités ou de fautes diverses et variées.

The confrontations are numerous and can be sparked by the most minute things, sometimes just disruptive behaviour. Several types of confrontations can be identified in the film, or, in other words, the confrontations can be categorised in several ways.

The first type is the one-to-one confrontation, where two individuals are in conflict, for example that of Carl and Souleymane, which starts as physical confrontation in the school playground and moves on to be verbal in the classroom.

There are also small group confrontations, when friendship groups gang together to defend or support a friend who is involved in an argument, for example Esméralda and Khoumba against M. Marin, or Esméralda and Louise against M. Marin again, or the students of Moroccan origin against the students originally from Mali.

Lastly, in two instances, we witness the confrontation of a large group (more or less the whole class) and an individual: when M. Marin first uses the word *pétasse,* and the class is in uproar, then in the school playground when M. Marin confronts Louise and Esméralda about going to the pastoral director to complain about him. Here, we witness a power struggle between children and an adult, or it could be seen as scoring a point against the teacher, who is normally in the position of superior power, as holder of knowledge.

Interestingly, it is possible to add another dimension to the conflicts between individuals, or a group, and the teacher: the relationship and tensions between teenager and adult, and also the relationship between teacher and learner, i.e. the person who holds the knowledge and the person who needs the knowledge. Within the classroom, there is an almost permanent power relationship between adult and teenager, teacher and learner. In short, the struggle between teenager and adult mostly centres on rebellion against the undisputed authority exercised over the child, and the struggle between teacher and learner is located around the fact that knowledge is indeed power. The teachers already have it, which places them in a position of superiority, therefore students fight to assert some form of superiority over their teacher, or they have to negotiate cleverly in order to gain knowledge. You can see here the contradiction between the urge to rebel against the authority of the adult and the need to either fight for knowledge on a different parameter, or the need to control the instinct for rebellion in order to obtain knowledge from the holder.

These small instances show that all the individuals are different, but that these individuals have to live together, so they have to make the best of a (slightly) less-than-ideal situation and negotiate, consciously or subconsciously, the place of their individualities within the entity they form.

This last description could just as easily be ascribed to society in general, or towns, or other entities composed of individuals, as it is to the class of *Entre les murs.* It is particularly interesting in this film that the class should be multicultural and therefore, regarding the issue of living together, quite a striking and accurate representation of French society as a whole. It is a society where,

TASK

1 Nommez et expliquez les différents types d'affrontements que l'on peut voir dans *Entre les murs.*

through immigration and other changes in the population, various communities are brought to live together (by mere circumstances or by deliberate policies), and although it can be and sometimes is harmonious and enriching, it is often difficult and riddled with tensions.

L'importance du lieu (le collège) dans leur cohabitation

l'échelle (f) scale

Les différentes **échelles** de lieu dans le film sont comme des poupées russes emboîtées les unes dans les autres : la classe → le collège → le quartier/l'arrondissement → la ville → le pays ; les niveaux plus larges sont construits à l'image du niveau le plus petit. De plus, *Entre les murs* se sert activement de l'espace minimal donné aux élèves pour renforcer l'idée que les élèves ne sont pas libres de faire ce qu'ils veulent mais sont obligés de vivre selon **les règles** d'une communauté. Puisque ces différents niveaux se représentent les uns les autres, il est intéressant de constater que l'on peut **s'en tenir à** filmer une classe, et tout de même parler des sujets qui occupent une société entière. De plus, dans sa dimension de bâtiment, le collège joue un rôle sociétal à part entière : garder les éléments encore frais, encore naïfs, loin de la société au sens large, jusqu'à ce qu'ils puissent y survivre, ou mieux, y vivre en harmonie avec les autres.

les règles (f) rules

s'en tenir à to keep to

The location of the action is a specific classroom, within a specific secondary school, within a specific district, in Paris, in France. Although somewhat obvious, this is a fact worthy of note because Laurent Cantet, through *Entre les murs*, wanted to show, among other things, that the class and the *collège* are representations on a smaller scale of the bigger entities in which they are nestled. So the social make-up of the class is a small-scale representation of the social make-up of their district community, of the Paris area, and of France. So too are the interactions between the individuals that form this class.

On a more concrete or physical level, it is easy to realise that the filming location is very restrictive (once we have gone into the school early in the film, we are in the classroom 80% of the time, with rare escapes to the teachers' common room, or to the playground, or to other rooms of the school): if we add to that the title *Entre les murs* ('between the walls'), it is difficult to avoid a certain feeling of restriction of space, and by extension, of freedom, and to start thinking about the walls of a prison. Bearing in mind that school is somewhere where, although they seem to go there of their own free will (nobody is physically dragging them into the school), students are *obliged* to go: obliged by law, if nothing else. But ask many of them, and they'll say that if they were not obliged to go to school, they would choose to do anything other than go to school. In terms of a physical institution, school is different from prison only by the fact that students can walk in and out of it at will, and it is not meant for the punishment of misbehaviour.

GRADE *BOOSTER*

Think of a few key shots that show most strikingly the restricted environment in which the students are confined. Have a description ready for inclusion in your essay, if relevant of course.

The putting together of people from incredibly varied horizons, the restriction of movement within the building, the social interactions and the power relationships (students/inmates among themselves as well as between students/inmates and teachers/prison staff) are, however, common to the two institutions.

Les inégalités dans l'éducation

Un collège difficile : pour qui ? pourquoi ?

Nous avons déjà vu la structure du système scolaire en France. Nous allons maintenant nous concentrer sur quelques aspects particuliers de ce thème, l'éducation, qui sont abordés dans le film : les difficultés que les enseignants peuvent rencontrer pour **enseigner**, mais aussi les difficultés que les élèves vont avoir à **apprendre**. Les premiers peuvent trouver leur mission d'enseignement difficile à accomplir, si les élèves auxquels ils enseignent ne sont pas intéressés ou motivés, ou si ces derniers ne comprennent pas pourquoi l'éducation est importante. À l'inverse, dans un contexte de classe peu attentive, même les élèves qui auraient pu vouloir progresser et réussir vont se trouver **ralentis**, donc désavantagés, par le rythme imposé par **les interruptions** problématiques en relation avec **la discipline**.

enseigner to teach
apprendre to learn

ralentir to slow down
les interruptions (*f*) interruptions
la discipline discipline

The synopsis of the film, including for the press release, states that François Marin teaches in a '*collège difficile*', a difficult secondary school. One tends to assume that this difficulty relates to the teaching, but it will be interesting to examine this difficulty from the learners' point of view. This section will explore the ways in which each side of the teaching/learning divide is affected by this difficulty.

Qu'est-ce qui est « difficile » ? Les intentions confrontées à la réalité de la classe

From the point of view of teachers, an easy school must be one where they can achieve their mission of imparting knowledge to their students or leading their students to the understanding of concepts and ideas, and where minimum disruption happens during class time. But it does not mean that students cannot interrupt a teacher and ask questions: they just have to be relevant to the lessons. A secondary school where this description applies all of the time probably does not exist. There are, however, various degrees possible before being considered a difficult school. While not wanting to diminish the importance of the quality of the teaching, the smooth proceeding of a lesson is intricately linked to the students in the class: once upon a time, the teacher was the overall, unchallenged ruler of a classroom, and students who did not behave as they were expected or told to were harshly sanctioned. With the development of child psychology, conditions have improved in the classrooms

Key quotation

Les élèves sont un peu difficiles.
(Hervé, prof d'EPS)

and the students' personalities are allowed to be expressed in that environment. But sometimes this comes into conflict with the main aims of school: teaching and learning. This means that a school will be judged difficult if the students are more challenging than can reasonably be expected.

▲ M. Marin with students Souleymane and Boubacar at the computer

Comment le film montre-t-il la difficulté d'enseigner dans un « collège difficile » ?

Probably the most obvious example is the level of noise and disruption to lessons that M. Marin has to deal with on a regular basis, which we see throughout the film. It takes a lot of classroom management skills, built up on the experience he has accumulated over the years, to deal with these frequent interruptions. We see that François Marin often 'goes' with his students' comments or questions and turns them into learning opportunities (e.g. the question about the imperfect subjunctive). However, when some of his students deliberately try to disrupt the course of a lesson, he tends to manage to deride their comments or make fun of them, thus cutting short the disruption and giving him the opportunity to refocus the attention of the class.

There are also, however, examples of serious disruptions and volatile situations: insolence and refusal to cooperate from Khoumba, leading to a pointless argument and waste of time; general lack of work from the whole class, leading to homework having to be done in class, thereby wasting time; an argument that degenerates into serious insolence and disrespect to the teacher, followed by violent gestures which leave a student injured — all situations that disrupt the teacher's primary mission: to teach. Apart from the situations of violence, which clearly have no place in a school, it is difficult not to feel sorry for François Marin, who has to deal with the various attacks of his students: verbal only, yes, but still emotionally exhausting since they demand a response and waste learning time.

We are given a glimpse of other ways in which teachers respond to the challenges thrown at them every hour of the school day: the most dramatic one is that of the design and technology teacher, who comes out of his class and into the staffroom on the verge of tears and ranting about the appalling behaviour of one of his classes. The breaking of several social conventions (loss of self-control, crying in public) shows that teachers are sometimes pushed to their absolute limit, by a crowd that is against the teacher to start with, and determined to bring them down if they can spot the most minor weakness. As we see the other teachers listening in silence, we can guess that they have been there before and that no word of support will alleviate the distress.

Some teachers use humour to play down the difficulties of teaching: one maths teacher introduces himself, at the beginning of the year, as 'teacher of multiplication tables' (in principle, these should be known long before leaving primary school). But joking about the difficulties of the job is different from using humour to diffuse a difficult situation in the classroom. They are both coping mechanisms, the former to help keep up the morale over the long term, and the latter to nip a challenge in the bud and quickly move on.

To sum up, the reasons why teachers (and observers) might describe their school as 'difficult' are mainly disruption to lessons and antagonistic behaviour from their students, which interrupt their mission: teaching. But let's turn now to how these difficulties affect students.

La difficulté est-elle seulement celle d'enseigner ?

It is impossible to ignore that difficulties with teaching in a given institution will lead to difficulties for the students with learning. *Entre les murs* gives us many examples of this: among others, the time wasted while M. Marin argues with Khoumba over her refusal to read; the students interrupting a lesson to ask questions related to their average marks or comments made about them by teachers; the teacher being interrupted and accused of favouritism (towards Wei) or white elitism ('*Bill mange un succulent cheeseburger*' episode).

Although, because of the students' age and immaturity, classroom disruption may sound fun to them and feel like a welcome break from the pressure of work, too much of it will inevitably lead to a shortage of time available to learn, to have contact with a teacher for help etc. This is unfortunately how the gap between good schools (and their studious students) and difficult schools (with their challenging students) keeps widening, and why mothers like Burak's want their children to go to *lycée* Henri IV, where, as a studious student, he would be able to study and learn as much as he wishes.

So, going back to the possible definitions of 'difficult', when this term is applied to a school, we have now seen that 'difficult' can qualify the way in which students can access knowledge and understanding if they are in a challenging and disruptive environment, as well as the difficulties teachers encounter in delivering the curriculum when they are faced with disruptive students or classes.

Build critical skills

Pensez-vous que M. Marin est trop indulgent avec ses élèves ? Si oui, que devrait-il faire ?

TASK
2 Pourquoi peut-on considérer qu'il est difficile d'apprendre dans la 4e3 d'*Entre les murs* ?

Les échecs et les réussites

l'échec (*m*) failure
la réussite success

De nos jours, y compris à l'école avec les examens, les **échecs** et les **réussites** se comptent préférablement en chiffres clairs et tranchants mais peu représentatifs de la réalité à l'échelle de l'individu. Les échecs et les réussites prennent des formes variées dans *Entre les murs* : on peut voir la réussite d'individus à des moments précis, et la joie qui en découle, mais aussi, irrémédiablement, les échecs d'un système qui ne peut pas **prendre en compte** chaque individu et s'occuper de lui selon ses besoins tout particuliers. Les réussites du système dans son ensemble ne sont pas vues, puis qu'il faudrait retrouver les élèves de 4e3 dans le futur et voir s'ils ont **accompli** de grandes choses, pour eux ou pour le monde.

prendre en compte
take into account
accomplir to achieve

Key quotation

Vous pensez beaucoup à pénaliser, et jamais à valoriser.
(Une parente d'élève)

J'ai refusé ce système qui vous force à rentrer dans des normes…
(La mère d'Arthur)

On the small scale of the school observed in *Entre les murs*, it is possible to identify several failures and successes of the system and of individuals.

We see M. Marin failing to rescue Souleymane from the downward spiral in which he has thrown himself; we see M. Marin failing to make the right judgement about what he can safely say to his class and avoid misunderstanding and conflict; we see him fail to get Khoumba to understand why her behaviour is unacceptable; we see some teachers failing to engage with their students, others failing to see what's truly important in education, others still plagued by disenchantment and dejection. We see Henriette voicing her worry that she has failed to learn the most minor thing over the year, and her fear of failing to make the grades to stay in general education.

It is, however, infinitely cheering to see that, despite the difficulties, big and small successes happen: Souleymane smiling embarrassedly when M. Marin praises his work and displays it for the whole class to see; the students all concentrating on the work they have been set, in silence so complete that you could hear a pin drop; every single student listening to an extract of Anne Frank's diary being read; the students producing some excellent pieces about themselves and what they like and do not like; little examples of learning happening, like the subjunctive, present or imperfect.

Key quotation

Le simple fait, finalement, d'exclure, c'est comme un désaveu (denial) de tout ce qu'on a tenté au préalable (previously).
(M. Marin)

Finally, while we see that the school system has somehow failed Souleymane, in so far as nobody on the teaching/pastoral team has found out how to bring him back from the brink, Carl is an example of somebody who has gone beyond that failure and bounced back. He has been successfully integrated into the class and seems to be working well.

Activités

1 Complétez les phrases avec les mots de vocabulaire appropriés.

Le 1 .... dans lequel Entre les murs *est filmé est clairement un milieu 2 .... Dès le début du film on voit un homme qui marche dans une 3 .... qui évoque immédiatement une 4 .... plutôt que la 5 .... Puis il rentre dans un bâtiment qui va se révéler être un collège, quand on entendra les personnages se présenter en parlant de la matière qu'ils enseignent. Pour le reste du film, le spectateur observe des jeunes dans le seul contexte de leur 6 .... On apprend, grâce au livre qui est à l'origine du film, que le collège est situé dans le xxe 7 .... de Paris, un 8 .... populaire mais pas forcément 9 .... (beaucoup moins défavorisé par exemple que les 10 .... de Paris ou d'autres grandes villes), où les habitants sont originaires d'un grand nombre de pays. Ceci est reflété par les différentes origines des élèves de la classe de M. Marin, dont ils parlent parfois.*

arrondissement
banlieues
urbain
campagne
défavorisé
ville
établissement scolaire
milieu
quartier
rue

2 **Le subjonctif.** Dans *Entre les murs*, nous voyons M. Marin posant des questions sur l'imparfait du subjonctif à ses élèves. Nous nous en tiendrons au présent du subjonctif, mais après avoir révisé la formation et l'utilisation de ce temps dans votre livre de grammaire, écrivez la forme adéquate de chaque verbe entre parenthèses. Le temps est toujours le présent, mais le mode nécessaire peut être l'indicatif ou le subjonctif.

1 M. Marin pense que chaque élève (devoir) .... écouter les autres.

2 Il est possible qu'Henriette (être) .... envoyée en cursus professionnel.

3 M. Marin aurait aimé que Louise et Esméralda (se comporter) .... de manière plus respectable au conseil de classe.

4 Il n'est pas certain que M. Marin ne (recevoir) .... pas une sanction pour avoir insulté Louise et Esméralda.

5 La plupart des profs pense qu'il vaudrait mieux que Souleymane ne (venir) .... pas en classe car il empêche les autres de travailler.

6 Le prof pose une série de questions pour que les élèves (arriver) .... à leurs propres conclusions.

7 Je crois que les élèves (avoir) .... beaucoup de potentiel, mais il ne semble pas qu'ils (vouloir) .... l'exploiter.

8 Il insiste pour qu'ils (faire) .... leurs devoirs quand il le leur demande.

9 Jusqu'à ce qu'il (commettre) .... une erreur de langage et de jugement, le rapport entre M. Marin et les élèves était plutôt bon.

10 Il est facile de voir que les élèves (s'amuser) .... bien lors du match de foot profs-élèves.

3 Où se passe *Entre les murs* ?

4 Quelles sont les caractéristiques de ce quartier ?

5 Dites en quoi la classe de M. Marin est un reflet du quartier en général.

Thèmes

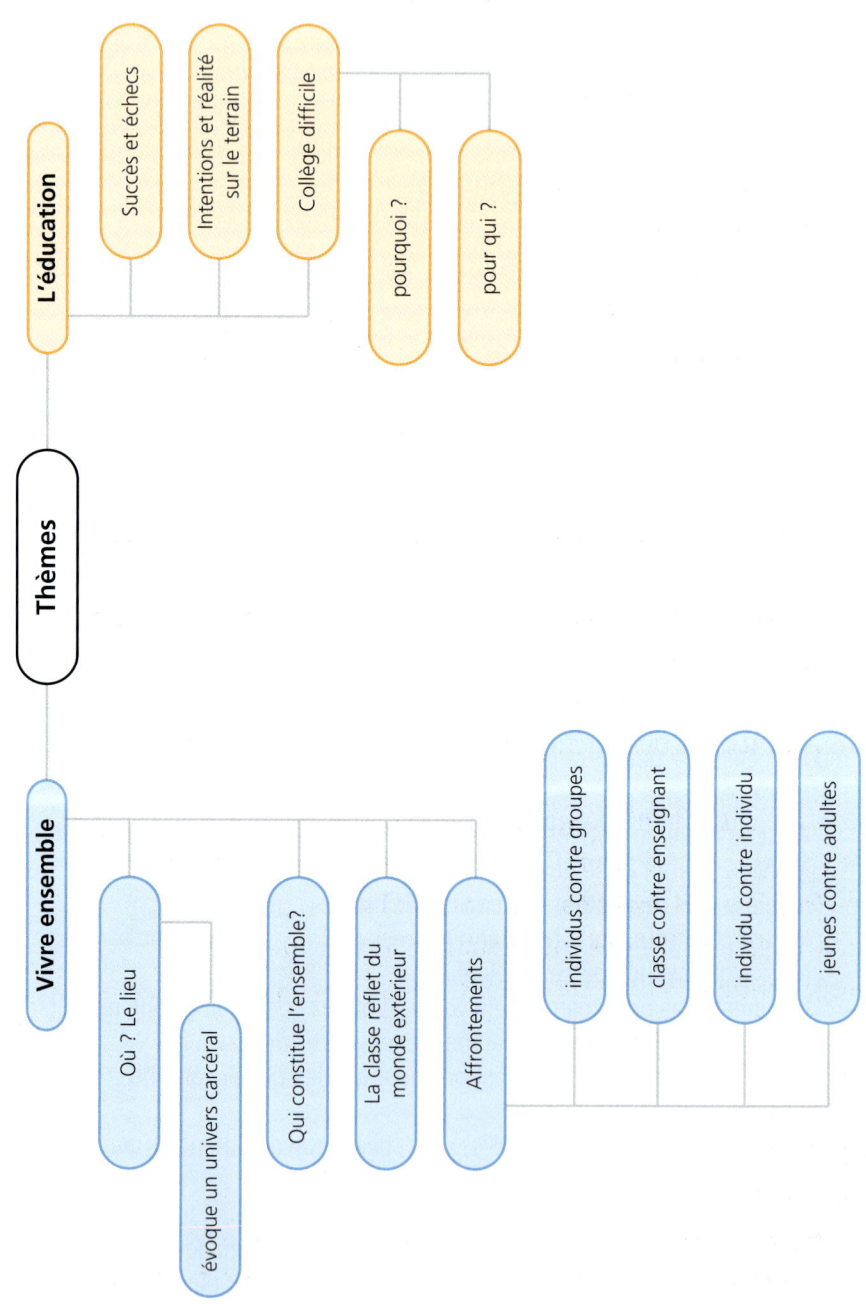

Thèmes

L'éducation
- Succès et échecs
- Intentions et réalité sur le terrain
- Collège difficile
  - pourquoi ?
  - pour qui ?

Vivre ensemble
- Où ? Le lieu
  - évoque un univers carcéral
- Qui constitue l'ensemble?
- La classe reflet du monde extérieur
- Affrontements
  - individus contre groupes
  - classe contre enseignant
  - individu contre individu
  - jeunes contre adultes

Vocabulaire

Note: for vocabulary on education, see Chapter 2, 'Social and historical context'.

La vie urbaine

l'arrondissement (m) district

la banlieue suburb

le cadre/le milieu surroundings

en milieu urbain in an urban environment

le quartier défavorisé/déshérité neglected area/neighbourhood

un HLM (a block of) council flats

la ZEP (zone d'éducation prioritaire) area where schools receive special funding because of high educational needs

Paris intra-muros Paris city (as opposed to Paris and its suburbs)

L'immigration et le racisme

attiser les passions/les tensions to fuel passions/tensions

le brassage des cultures mixing of cultures

conserver son identité culturelle to maintain one's cultural identity

le comportement raciste racist behaviour

les cultures s'entrechoquent there is a clash of cultures

éliminer toutes les formes de racisme to eliminate all forms of racism

entretenir des sentiments racistes to harbour racist feelings

les Français de souche French people of French origin

les Français naturalisés naturalised French people

les groupes ethniques minoritaires ethnic minorities

l'intégration des divers groupes ethniques du pays integration of a country's ethnic groups

la méfiance mistrust

la mosquée mosque

le patrimoine culturel cultural heritage

le préjugé prejudice

les règles alimentaires du Coran Muslim dietary laws

les règles vestimentaires laws governing clothing/behaviour

s'ouvrir à la diversité culturelle du pays to be open to cultural diversity

tenir des propos racistes to make racist remarks

la xénophobie hatred of foreigners, xenophobia

5 Characters

The characters of *Entre les murs* are first and foremost characters inspired by the novel (of the same name) by François Bégaudeau which inspired Laurent Cantet to make the film. But Laurent Cantet's decision to give the real-life students a lot of freedom while improvising on the themes he wanted to film has resulted in a large proportion of material that's not constructed, but real and spontaneous, as opposed to characters that would be entirely fictional.

Monsieur Marin

le prof principal form teacher

M. Marin est **le prof principal** des 4e3, et leur prof de français. Cette position lui permet d'être au cœur des préoccupations de ses élèves (puisqu'il a des responsabilités d'aide et de conseil) et des préoccupations de la société, puisqu'il doit enseigner le français correct qui permettra à ses élèves de naviguer avec aisance dans la société française, au-delà de leur cercle de copains ou de leur quartier.

entretenir de bons rapports to keep, to maintain a good relationship

dépeindre to depict

infaillible never-failing

Il **entretient**, de manière générale, **de bons rapports** avec eux, mais son style d'enseignement, qui laisse beaucoup les élèves s'exprimer, mène parfois à des situations difficiles. Il est le genre de prof qui préfère que ses élèves travaillent en collaboration avec lui, plutôt que par peur de l'autorité. Il est **dépeint** de façon très positive, mais pas comme s'il était **infaillible** ou parfait.

There are several layers to the character of M. Marin:
1 François Bégaudeau is the author of the book *Entre les murs*, in which he *documents* significant events of his life as a teacher.
2 François Bégaudeau also *acts* M. Marin, so he acts snapshots of what has happened to him in the past.
3 So we are faced with a person who *acts* a character he once *was* himself.
4 He is the driving force of the action in the film, leading the students along various storylines (enabling Laurent Cantet to show key events of his choice) but having to face their unrehearsed reactions as they come.

As their form teacher, François Marin is a teacher who has a lot of time for his students, and shows them a lot of respect in so far as listening to them and their take on various events is concerned. His teaching style is not prescriptive; he is shown as wanting the students to come to their own conclusions and understanding of the things they study with him. He does accept some banter and sometimes is the source of the banter, which establishes him as an approachable teacher to whom the students do not mind revealing some very personal things. He truly listens to his students, in the sense that he answers their questions, even personal ones, very skilfully, and does not have a problem with admitting that he did something wrong, thus taking the air out of the sails of students who are spoiling for a fight. He seems to be very much in charge of the class and he does not let the students cause undue disruption to his classes, but accidents are inevitable, and he does make one error of judgement, which will have a lot of consequences (see the Esméralda section below). Despite that, he comes across as a kind and understanding teacher, who generally has a good rapport with his students.

The first images of the film establish him as the central character, by observing him in an almost stealthy manner (shoulder camera, close-up of his face but other people moving around) and for a relatively long while, given that nothing much happens: he drinks a coffee and walks the short distance between the bar and the *collège*. On the street, the impression of stealth remains, since François Marin is still filmed with a shoulder camera and he seems to be walking away from the camera. So the message from the director seems to be: 'This is our main character, but we are not going to invade his space. We are going to observe from a distance in the hope of capturing some true moments of life, rather than try to tell you a story with lots of happenings.'

It can be argued that M. Marin is being portrayed as some kind of ideal teacher, given the way he manages to get some excellent work out of students who do not really want to be at school. He seems to be a teacher who would prefer his students to work with him, rather than work because he's authoritatively forcing them to.

Secondly, it is a key element of the film that M. Marin should be a teacher of French. A large part of the game of power and affirmation of the members of the class is played out through language. On the one hand, language is something that the youngsters adapt for their own use, and transform it so that it becomes a code that only they can use accurately, posing them as different from the adults. For example, they use slang and 'verlan' (saying words backwards) to break the rules of accurate use of language (rebellion), to state their belonging to a certain group, and to form a block against people who use language accurately (opposition).

The main examples of this are:
- The various times in the film when students use a word of slang or *verlan*, only to be corrected by their teacher: Esméralda using the word '*tiéquar*' in her self-portrait, and M. Marin asking her to change that for '*quartier*', especially since she already knows that *verlan* is not acceptable in writing.
- The instance of the discussion around the choice of names in examples: Khoumba, Esméralda and, later, Rabah, use nicknames to refer to white people: 'babtou', 'jambon-beurre' etc.

Furthermore, on the other side of this confrontation, we have M. Marin, somebody who not only knows the language very well as a white, French person but who is also in charge of imposing it on the students through teaching. He represents everything the youngsters of the class, coming from varied

Build critical skills

Diriez-vous que M. Marin est le portrait du prof idéal ?

cultures, might want to rebel against. Probably the best example of this is when Esméralda raises the question of the imperfect subjunctive: as M. Marin points out to them, the students discard the imperfect subjunctive as useless because it is not a tense they are likely to use. In return, the students point out that this level of language is used by people like M. Marin, not people like them (opposition again); that it simply is not the language of young people.

Finally, we see M. Marin using language as a power tool, to remind the students who's the teacher and who's the student. It is the case most strikingly, although quite desperately too, when M. Marin has realised that he has gone too far and the dynamics of the class are escaping him, when he says that Louise and Esméralda behaved rather like sluts. Although he is picked up on questions of name-calling, he replies in terms of accuracy of language (*insulter quelqu'un* = to insult someone / *traiter quelqu'un de quelque chose* = to call somebody something).

Esméralda

Esméralda est l'un des principaux personnages de la classe, elle est une des personnes qui interviennent le plus souvent et qui joue un rôle clé dans **la dynamique de la classe**. Elle est, comme Anne Franck dans le passage qu'elle lit, « un paquet de contradictions » : elle se montre aussi bien coopérative et agréable qu'insolente et **têtue**, parfois même **de mauvaise foi**, elle est à la fois la personne qui lit *La République* de Platon et la personne qui ne sait pas **se comporter** pendant un conseil de classe, la mettant au centre de la dispute dramatique qui éclate à propos du mot « pétasse ». Il y a beaucoup de rébellion chez Esméralda, mais aussi une volonté certaine de réussir.

la dynamique de la classe class (group) dynamics

têtu(e) stubborn

être de mauvaise foi to be insincere

se comporter to behave

Esméralda is one of the most vocal and prominent characters in 4^{e}3. Most of the time, she gets on well with M. Marin, but she can get quite challenging with him. For example, she is one of the students who challenge M. Marin about apparently always using names of white ethnic origin. To start with, she is very good friends with Khoumba, but something happens and the two fall out (we see Esméralda making a point of doing what M. Marin asks her to do, namely reading a passage of Anne Frank's diary, to contrast with Khoumba's refusal to do so a few minutes earlier), but by the time the students get to work in the computer suite on their self-portraits, they have made up. We find out, in the second half of the film, that she is a class representative. It is in this particular function that she has a severe run-in with M. Marin, when he suggests that Esméralda (and her co-rep, Louise), behaved rather like sluts at the last class teachers' council meeting. We see a side of Esméralda that is rebellious and pig-headed, refusing to accept that she may be in the wrong even if she has to be insincere. At the end of the film, Esméralda surprises everybody, and especially M. Marin, by saying and proving that she has read Plato's *Republic*.

At first she looks quite unselfconscious, but when she realises the surprise and admiration of her teacher, she gets slightly cocky, pointing out, by referring to the 'slut' incident, that she can be clever too.

Esméralda is also the revelatory element, in the film, of the conflictual relationship between some (many?) disengaged and immigrant youngsters and the police: she says that she wants to become a police officer because people think there are only 'bad cops', so if she joins the Force, there will be some 'good cops'. In addition, Souleymane refuses to talk to her (during a heated exchange) because she wants to be a police officer ('*Tu veux être keuf* (= *flic* (slang) = police officer) *et tu parles avec moi ?*'). For more about this last quotation, see the Top 10 quotations chapter.

Key quotation

C'est pas un livre de pétasse, hein ?
(Esméralda)

▲ Esméralda and Khoumba

Khoumba

Khoumba est une bonne copine d'Esméralda, et elle est aussi un des personnages les plus importants de la classe. Elle est une élève qui, dans l'ensemble, travaille bien, s'entend bien avec M. Marin et le reste de sa classe, et est particulièrement amie avec Esméralda. Elle est, la plupart du temps, positive et **enjouée**, mais aussi une adolescente typique qui peut **bouder** un long moment pour des raisons futiles. Khoumba semble être une personne intelligente et mature, quand elle sort de son humeur boudeuse elle est très sympathique et elle se préoccupe de ce qui arrive aux autres (par exemple Souleymane qui va peut-être être envoyé au Mali par son père s'il est exclu du collège).

enjoué(e) cheerful
bouder to sulk

Khoumba is another prominent character of 4e3. Maybe unsurprisingly, she is very good friends with Esméralda. As with Esméralda, we are shown the best and the worst of Khoumba. The best is seen when she is able to name a form of the French imperfect subjunctive, and the worst when she gets insolent and pig-headed with M. Marin about not wanting to read from their assigned book, as requested by her teacher, and in the subsequent chastising conversation at the end of the lesson. Khoumba is the only character in the class that touches on the subject of this preoccupation of teenagers: behaving like an adult, or like a child ('on peut pas toujours rester gamine'). We see that Khoumba thinks that wanting to do well and please a teacher is childish, whereas rebelling and doing what one wants is behaving like an adult.

Khoumba gives us a remarkable performance in the role of a moody teenager, who is mostly eager to do well, but who can also be unbelievably antagonising. Her fallout with Esméralda leads to some interesting interactions between the two: Khoumba making disparaging gestures and faces intended to mock Esméralda, Esméralda moving to sit with somebody else in the class because she cannot bear to be near Khoumba any more. (Esméralda never actually states that she is staying away from the presumably negative atmosphere that surrounds Khoumba, but she is incredibly effective at communicating exactly that message.)

We are given to see Khoumba as one of the rare students to show concern for the welfare of the others: she is one of the first to turn to Souleymane to stop him from overstepping the mark and getting into serious trouble when he is rude to M. Marin, and she raises M. Marin's awareness of the consequence of exclusion from school for Souleymane, again showing concern, this time despite the fact that she ends up with an injury in the 'battle'.

Louise

impliqué(e) involved

effacé(e) self-effacing
par ailleurs otherwise
côtoyer to mix with

> Louise est la deuxième déléguée de classe, qui se trouve **impliquée** dans la dispute à la fin de l'année et prend une place réelle dans le film seulement à ce moment-là. Avant ça, elle est dans le film une élève **effacée**, presque timide, mais studieuse. On apprend **par ailleurs** au conseil de classe qu'elle est bonne élève et que les profs sont contents d'elle, mais on voit que déjà M. Marin, qui **côtoie** plus les élèves que les autres profs, a des réserves à son sujet, à propos de son comportement.

Louise is the second class rep and is a relatively inconspicuous character, whom we see intervening in class a couple of times, but we hear at the class teachers' council that she is a very good student. As mentioned above, Louise is presented in two different lights: yes, she is a good student, but under peer pressure or because she's pleased that the class can get one back over the teacher, she behaves in a rather insincere way about the 'slut behaviour' affair. Louise shows her immaturity in her role as class rep by first telling Souleymane that M. Marin had referred to the latter's possibly limited intellectual capacities during the teachers' council, and then making things worse still by quoting M. Marin in class when he is challenged on the subject by Souleymane.

▲ Carl

Souleymane

Souleymane est l'élève difficile par excellence. Dès le début du film il se pose en élève qui ne veut pas travailler, en rebelle de la classe qui force le respect de ses copains purement et simplement en étant la figure qui ne se laisse pas dicter ce qu'il doit faire par les profs. Il cause des interruptions du cours et a du mal à contrôler son **comportement**. Après plusieurs altercations avec d'autres membres de la classe et M. Marin, il finit par **dépasser** de loin **les bornes** et être exclu du collège. Souleymane est un peu là aussi pour représenter les situations où l'école n'est pas ou peu soutenue par la famille et l'élève continue de mal se comporter avec un sentiment de totale impunité. Souleymane est pris dans un engrenage qui mène irrémédiablement à son exclusion parce que lui-même ne peut pas faire marche arrière sans **perdre la face**.

le comportement behaviour

dépasser (de loin) les bornes to overstep the mark (by far)

perdre la face to lose face

Souleymane is a very challenging student, of African origin, who oscillates between, on the one hand, physical presence in class but complete refusal to take part in the learning and, on the other hand, actively disruptive behaviour. M. Marin manages to bring Souleymane temporarily out of his shell through the self-portrait activity, but his antagonistic behaviour quickly returns. It is not clear what Souleymane's situation at home is — when his mother and his brother discuss Souleymane with M. Marin, they seem to be unaware of his attitude towards school and learning.

As the film progresses, we see that Souleymane is less and less able to control his anger, leading him to lose all self-control when M. Marin challenges him on his foul language and his inappropriate interventions. He feels under attack from all angles (teacher and peers), he feels surrounded by ungrateful classmates (he was trying to defend Esméralda and Louise, but Esméralda, acutely aware as she is of Souleymane completely overstepping the mark, tells him to shut up, as do the rest of the class, even his mates), and as a result he loses his self-control. He ends up being incredibly rude to his teacher, injuring Khoumba and leaving the classroom without permission, which lands him in considerable trouble: disciplinary council and permanent exclusion.

Although as onlookers we may feel that Souleymane is going to be punished for an incident for which he is clearly responsible, a disrupting element is introduced: Khoumba says she has heard that Souleymane is going to be sent back to Mali if he is excluded from school. The teachers tend to treat that information as over-dramatisation on Khoumba's part. But is it? The doubt is there, whether we want it or not, and we are never told clearly whether that threat was real or not. We only see Souleymane walking out of school behind his mother, walled in his now customary silence. (Is he ashamed? Is she ashamed of him? There is certainly no comforting gesture from mother to son.)

Wei

> Wei est l'archétype de ce que l'on pense de l'élève chinois : il travaille **très dur**, **il est bien élevé**, appliqué, il réussit grâce à ses efforts, qui ne sont pas comptés. Wei est certainement doublement respectable puisque malgré ses difficultés de langue, il arrive à être très bon élève, à s'exprimer souvent et à participer beaucoup en classe. Il est **très mature**, et **peu préoccupé** par ce que les autres pensent de lui. On voit qu'il est plutôt bien intégré dans la classe : pendant les récréations il participe aux matches de foot. On apprend que **Wei est un fan de jeux** vidéo, ce qui lui donne une légère image de geek.

Wei is often exposed to the jibes of his classmates (because his French is not quite perfect yet), but also to their jealousy (because he is a hard-working student). However, he seems to be well integrated, for example he takes part in the football games in the playground. Wei must be affected by the arrest of his mother, but his behaviour at school is unchanged. He seems highly mature and self-confident, as we see when he does not hesitate to state that young people today should be ashamed of their behaviour when they shout, fight etc.

Key quotation

Si ce que tu as à dire n'est pas plus important que le silence, alors tais-toi.

(Souleymane)

il est bien élevé he has good manners (*lit.* he has been brought up well)

Key quotation

Comme par hasard quand c'est lui [Wei], c'est bien.

(Rabah)

Carl

Carl est un élève qui arrive en cours d'année car il a été exclu d'un autre collège. Même si son comportement dans l'établissement précédent a justifié une exclusion, dans son nouveau collège il semble s'intégrer facilement et se comporte de façon **exemplaire** et **mature**. Il n'est pas pour autant devenu un saint, comme le montrent les insultes qu'il profère vis-à-vis des profs (en général) lors de la confrontation entre M. Marin et la classe dans la cour. Il n'hésite pas à dire ce qu'il pense et peut-être à **provoquer** d'autres membres de la classe.

exemplaire faultless

mature mature, i.e. grown-up, not childish

provoquer to provoke

Carl arrives in 4^e3 from another school, from which, we hear at the end of the film, he has been excluded. His behaviour in his new class, however, would not make the viewer think that in a former school he must have been a very disruptive character. But we see again in Carl the crowd behaviour observed in Khoumba, Esméralda and Louise: he denies extremely strongly that his exclusion from his previous school has made him think seriously about his behaviour and has changed him for the better. Carl also does not want to be seen as somebody who has been tamed, as this would be bad for his street cred.

When students are asked to stand in front of the class and read a piece they have written (sometimes in verse or rap), Carl is someone who expresses feelings of fraternity between all races and nations: this is symbolised by the French national football team, which is made up of French players of many origins. Unlike a lot of his classmates, he feels French, and his classmates can hardly understand how that is possible given that he is a black person. Carl appears to have understood that a nationality is something you have to own for yourself, rather than being robbed of it by outside forces (the police, for example) who want to make you feel not French because you do not have the expected racial or cultural background.

Key quotation

J'aimais pas le collège Paul Éluard, et j'aime bien être ici.
(Carl)

TASK
Écrivez une description physique de chacun des personnages ci-dessus.

Les autres profs

Les autres profs du collège sont probablement un mélange assez représentatif de la réalité du **corps enseignant**. Ils sont montrés aussi bien **sous leur meilleur jour** que dans leurs côtés plus discutables, mais les élèves restent leur préoccupation principale.

le corps enseignant teaching profession (= all the teachers)

sous leur meilleur jour their best side

These teachers are a mixture of the disenchanted, who are doing a mechanical job because they have lost all hope of ever pulling the children they teach out of their ghetto where intelligence and cooperation with school are seen as pretentious and meet with the disapproval of their community; the ones who try hard but are faced with a wall of resistance, and whose expectations, tough but laudable, are sometimes pitched too high; the ones who are pushed over the edge by the challenges posed by the students, possibly because there is a discrepancy between what they are taught at teaching college and the reality of the classroom in the difficult schools where they are sent to spend their first few years in the profession; the totally oblivious, who pick a fight over a 10-cent increase in the price of a cup of coffee; and the ones like M. Marin, who, through careful handling of the students and relatively libertarian ruling, certainly manages to bring the best out of his students, but also exposes himself to trouble when he oversteps the mark between approachability and overfamiliarity. We can safely say that although teachers are not the centre of the argument in this film, we are given to see a substantial range of what a teacher can be, thus showing that nobody is perfect and that many people are trying to make the best of a difficult situation.

Les autres élèves

Henriette is very quiet in class and hardly intervenes at all through the year, but is clearly worried about her academic performance and her future school orientation.

Boubacar is a fun character who can be very disruptive and is never happier than when he has an opportunity to make a double-entendre or expose his friends' secrets, but probably does learn a lot when he feels like it.

Of course it has to be noted that even if they struggle with the subject, the majority of the members of Class 4ᵉ3 are working appropriately and behave themselves in class. They are the quiet majority of this class.

Les parents

les attentes (f)
expectations

entourer to surround

> Les parents sont inclus dans le film pour montrer l'influence ou les **attentes** qui existent autour des élèves, ou bien pour donner des indications sur les avantages ou les problèmes qui **entourent** les élèves, et quel effet cela peut potentiellement avoir sur eux (les élèves, toujours). Les parents servent probablement aussi à montrer que les élèves ne sont pas seulement des élèves, mais aussi des individus membres de communautés autres que l'école.

It is really quite interesting to hear the parents that M. Marin meets talk about their children, their hopes for them, their perception of their children's situation. There is among these parents a tremendous mix too: Wei's parents are strict and want him to concentrate on work rather than video games, which they clearly do not rate much; Burak's mum wants her son, slightly unrealistically, to get into a top school, and judges his present school rather harshly; Arthur's mum is very keen (too keen?) to defend her son in a tirade against a comment, which we do not hear, from the teacher; Nassif's dad is ready to do anything to ensure his son's success because he did not have the opportunities himself; Souleymane's mother and brother have a very different perception of Souleymane's attitude to work from the school's. It is worth remembering here that these parents are the real parents of the students who act in *Entre les murs*. The quasi-documentary form of the parent–teacher meeting adds a certain poignancy.

> **GRADE** *BOOSTER*
>
> ```
> The names in this film are not easy to spell: make
> sure you know how to spell them correctly, as it will
> make a bad impression if you do not.
> ```

Activités

Connaissances

1 Les élèves d'*Entre les murs* sont-ils des personnages de fiction ? Pourquoi ?

2 Pourquoi l'acteur qui joue M. Marin a-t-il une connaissance particulière de son rôle ?

3 Dites quels personnages vous qualifieriez de :

1 expansif (-ive)	4 raisonnable	7 sûr(e) de lui / d'elle
1 spontané(e)	5 consciencieux	8 résolu(e)
2 exubérant(e)	(-euse)	9 boudeur (-euse)
3 provocateur (-trice)	6 audacieux (-euse)	10 apathique

Grammaire

4 **L'accord des adjectifs.** Traduisez les adjectifs (ceux que vous ne connaissez pas sont dans le vocabulaire à la fin de ce chapitre) et accordez-les (masculin, féminin, singulier, pluriel si nécessaire) pour décrire les personnages suivants :

1 Khoumba — expressive, attentive, capricious, energetic, spontaneous, direct, frank, sullen, moody, hard-working

2 Les profs — friendly, likeable, fragile, courteous, conscientious, sceptical, sensible, stressed, agitated, on edge

3 Louise et Esméralda — moaning, determined, decisive, moody, exuberant, provocative, capricious, energetic, spontaneous, self-satisfied

5 **Les comparatifs.** Ajoutez *plus/moins/aussi…que* dans les phrases suivantes pour faire des phrases vraies.

1 Certains profs sont ………. résistants ………. d'autres.

2 Esméralda peut se montrer ………. têtue ………. Khoumba.

3 Louise et Burak sont ………. attentifs ………. Boubacar et Souleymane.

4 Les cours sont ………. difficiles ……….en classe de sixième ou cinquième.

5 Il est ………. facile de travailler en classe ………. de faire son travail seul à la maison.

6 Les élèves peuvent se révéler d'………. mauvaise foi les uns ………. les autres.

7 Wei est ………. bruyant ………. les autres élèves de la classe.

8 Certains élèves font ………. d'efforts ………. d'autres.

9 On se sent ………. enfermé dans le collège ………. dans une prison.

10 Souleymane est beaucoup ………. violent ………. les autres élèves.

Les personnages

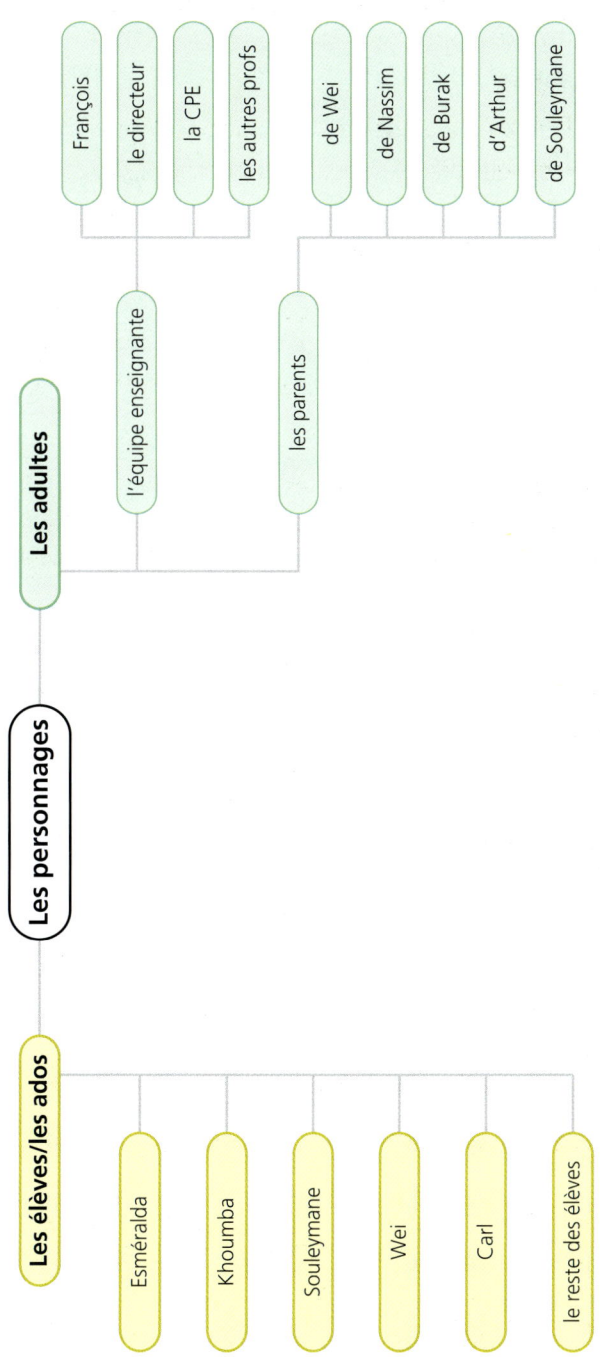

Les personnages

Les adultes

l'équipe enseignante
- François
- le directeur
- la CPE
- les autres profs

les parents
- de Wei
- de Nassim
- de Burak
- d'Arthur
- de Souleymane

Les élèves/les ados
- Esméralda
- Khoumba
- Souleymane
- Wei
- Carl
- le reste des élèves

Vocabulaire

l'angoisse (f) anxiety

agité(e) agitated

aimable likeable

amical(e) friendly

l'animosité (f) animosity

anxieux (-euse) anxious

apathique apathetic

appliqué(e) hard-working

attentif (-ive) attentive, careful

l'audace (f) audacity

audacieux (-euse) audacious

bouder to sulk

boudeur (-euse) sullen

le caprice whim, tantrum

capricieux (-euse) whimsical

la civilité civility

consciencieux (-euse) consciencious

content(e) de soi self-satisfied

courtois(e) courteous

le défaut fault, flaw

déterminé(e) determined

direct(e) direct

docile, obéissant(e) docile, obedient

énergique energetic

énervé(e) irritated, on edge

l'énervement (m) irritation, exasperation

expansif (-ive) outgoing

expressif (-ive) expressive

exubérant(e) exuberant

fier (fière) proud

franc(he) frank, sincere

gouailleur (-euse) cheeky, cocky

d'humeur inégale/changeante moody

hypocrite hypocritical

imbuvable, insupportable unbearable

impartial(e) impartial
insouciant(e) carefree
malhonnête dishonest
méprisant(e) scornful
modeste modest
naïf (naïve) naïve
orgueilleux (-euse) proud
paresseux (-euse) lazy
par mégarde inadvertently
la politesse politeness
présomptueux (-euse) presumptuous
provocateur (-trice) provocative
la provocation provocation
la qualité quality
raisonnable reasonable, sensible
râleur (-euse) moaning
les rapports (*m*) relation, relationship
réservé(e) quiet
résolu(e) decisive
sceptique sceptical
sensé(e) sensible
sévère strict
spontané(e) spontaneous
la spontanéité spontaneity
le stress stress
stressé(e) stressed
stressant(e) stressful
sûr (sure) de soi self-confident
suspect(e) suspicious
taquin(e) teasing
tenace dogged, tenacious, persistent
tendu(e) tense
travailleur (-euse) hard-working
troublé(e) troubled
vaniteux (-euse) vain
vulgaire vulgar
la vulgarité vulgarity

6 Director's techniques

Entre les murs is, as stated by Laurent Cantet, a mixture of documentary film and fiction. It is a cinema genre which seeks to show reality 'just as it is' and at the same time includes elements that are not real, or fictional situations, to reinforce the representation of reality. Apart from looking at which aspects of the film are documentary and which are fiction, we will look in more detail at how the school and the class/classroom are filmed, and for what purpose.

Note that this more technical chapter is written in English. Important terms are marked in bold in the English text, and the French equivalents are provided as key vocabulary in the margins.

Documentaire ou fiction ?

l'entretien (*m*)
interview

le dossier de presse
press kit

Laurent Cantet's film oscillates between these two genres, in such a way that it is sometimes difficult to distinguish one from the other and it is therefore necessary to refer to **interviews** he has given, or to the film's **press kit**, to find more conclusive information on that subject.

First and foremost, here is a reminder of the principal differences between documentary and fiction films:

	Documentary	Fiction
Human presence	People and protagonists	Characters
Staging	Reconstitution	Creative staging
Aim	Inform, explain, present	Entertain, amuse, question, fill with wonder
Location	Natural, real, sometimes re-created	Imagined or reconstructed setting
Subject	Past, present or future reality	Imagined or adapted story

Having now clearly in mind these opposing aspects belonging to each genre, we can examine which techniques Laurent Cantet has used to make *Entre les murs*.

First and foremost, the director's avowed aim was to show a year in the life of a school, in order to show to what extent a school is the small-scale reflection of the dynamics of larger entities like the neighbourhood, the town or the country as a whole. This aim would seem to correspond to the documentary genre, which wants to inform, explain or present. By contrast, although there are some mildly amusing moments, it is difficult to identify in the film those aims that correspond to fiction (entertain, amuse, fill with wonder), although one can argue that Laurent Cantet does pose questions through his film.

Regarding the persons or characters, three points are mentioned by Laurent Cantet in the film's press kit:

- He has chosen some real students from a real school to feature in his film, so they are not professional actors, but the situations in which we see them are not the real day-to-day happening of school lessons. The students do indeed improvise on situations they are given, which is a form of acting. Beyond improvisation, they also re-work some scenes in order to improve them. That is characteristic of fiction.

- In addition, the students chosen to act in *Entre les murs* improvise on their given situations with their own personalities (that's reality, so documentary), but depending on the needs of the film, they may be told to act something completely different from their personalities (made up, so fiction). Laurent Cantet has chosen a teacher to act the teacher, and students to act the students, but for him there is a definite part of acting: he wants the people to add something to their personalities and transform into characters. This, again, would seem to tip the balance towards fiction.

- The last aspect of the persons or characters, which, this time, tips towards documentary, is the fact that the parents of the children are all their real parents, and they were filmed, for the sequence of the parent–teacher meetings, with no instructions from the director, with one exception. Each of the parents talked freely about their real aspirations for their children, except for Arthur's mum, who was specifically asked to talk about her son's look and whether or not that was making him an outsider.

▲ Damien

Moving on to the subject of where people are placed for the purpose of filming, it would appear that fairly few directions were given to the students, and they were allowed to move within the filming frame/classroom as their improvisation dictated. Another argument in favour of this, as well as in favour of the freedom of improvising, is that the students never saw a script for the film. If verbal indications were given by the director, they are not particularly mentioned so must have been minimal.

More specifically now on the subject of location, the only influence the director had was the placement of all his cameras in a corridor to the side of the class: one filming the students, one filming the teacher, and one filming little details of the classroom life, such as a hand writing, somebody balancing on their chair, or someone looking at their phone. On a larger scale, the filming location of *Entre les murs* is very real and not imagined: it is the actual school the students went to. Later in this chapter we will examine the consequences of the choice of that particular school.

In terms now of sound, the impression that we are in the presence of a documentary is reinforced by the fact that there is no sound or music in the film that is not the actual, real sound of the classroom or the school. There is no music to give a particular atmosphere: the style is simple and pure. At the end of the film, during the credits, Laurent Cantet has left some sound which we assume is still 'of the school'. There is, however, no sound of the students.

Finally, it is impossible not to acknowledge that the subject of this film is a reality, whether it be past or present, and not an imagined story. Interestingly, it is, as we have seen, a docufiction inspired by a book, but the book itself was not a fiction but a real-life account of the teaching experiences of François Bégaudeau.

Filmer entre quatre murs

The **filming location** of *Entre les murs*, the secondary school, is of course a key element, and we find visual evocations of the title throughout the film. The **camerawork** will also reveal specific viewpoints that the film director cannot state directly.

Coming back to the question of the filming location, and the very subject of the film (the title of which can be translated literally as 'Between the walls'), Laurent Cantet has located his film in a school which is physically located within four walls. Refer to page 40 in the 'Themes' chapter to see how this makes it feel like a prison where people are thrown together with no regard for their choices, and how they manage to live together nonetheless.

We never come out of the school once we have come into it, and through the fairly close angles used in the filming of the first few minutes, outside the school, Laurent Cantet is very careful not to reveal anything of the outside environment which might distract us (the spectators) from what he wants to show us of the school environment.

Refer to page 40 in the 'Themes' chapter

Build critical skills

1 Quelle est votre impression personnelle : le film est-il plus un documentaire, ou un film de fiction ? Faites une liste des arguments et des exemples en faveur de votre opinion.

le lieu de tournage
filming location

les prises (*f*) **de vue**
camerawork

TASK
Faites une description de ce que l'on voit du collège ou de la salle de classe, pour pouvoir relier ces descriptions à des aspects techniques du film.

Within the school, we are quickly invited to move into something even smaller, the classroom. This is where most of the film takes place. The class is the key location where all the interactions between the class members are shown, sometimes born of the students themselves, sometimes prompted by their interactions with their teacher.

It is also important to notice that a lot of other moments in the life of the school are captured as seen from the classroom, looking down into the playground from the classroom in question: either when M. Marin looks down at the PE lesson in the playground while his class is doing a test, or when we are allowed to witness the interactions of the students at break-time. These are the less orderly moments of the school day, when the students interact solely with their peers, unchecked by the presence of an adult. By filming from the classroom, looking from above towards what is happening below, Laurent Cantet locates the centre of the film in the classroom, while also making the classroom the place of the most meaningful interactions (for his purpose).

Two other important moments that are seen from the classroom are M. Marin taking Souleymane to the Head's office (alternating with closer shots of M. Marin and Souleymane to show their interactions), and Souleymane and his mother leaving the school.

In the first instance, the filming from the classroom gives us the point of view of the rest of the students, who are checking what is happening to Souleymane from above. While their behaviour may express concern, we cannot avoid thinking, again because of the 'superior' point of view, of a crowd waiting to see the axe falling on a criminal's neck.

In the second instance, it is interesting to realise that although the disciplinary hearing has not happened in the French classroom, we do see Souleymane and his mum leaving the school from this very classroom. This obviously signifies that Souleymane is leaving the class and his classmates for the last time, as well as the school as a whole. In addition, by choosing this viewpoint, and by watching Souleymane and his mum walking *away* from the camera, there is a clear feeling of **detachment**, subtly saying that the rest of the class and the school, who are staying behind, have stayed within the acceptable and safe norms of the school, and will continue to be safe. The outside is constructed as unsafe, unknown. The outside of the school is the place where Souleymane may be sent to Mali (unsafe), and if that's not the case, then we do not know what will happen to him (unknown).

la distanciation
detachment, establishing a distance

▲ Filming in the classroom

Build critical skills

2 Pensez-vous que Laurent Cantet avait un message à faire passer quand il a écrit le film, qu'il est partial ? Démontrez dans quelle mesure cela est le cas, ou pas.

champ-contre champ
shot reverse shot (the pattern of shots used in a conversation, where the frame switches from one character to another as each speaks)

In terms of camerawork, given the way Laurent Cantet positioned his cameras and the fact that he wanted to film the action as it happened, with no artifice and to capture the immediate reality of what was happening, most of the class scenes are filmed as **shot reverse shot**, to follow the conversations between people. If we have a mass discussion happening in the class, the shot is widened, which enables us to see where each intervention comes from without having to jump from one person to another. This choice of shots is also true for the scenes that happen outside the classroom, for example in the class teachers' meeting (*conseil de classe*) or the staff meeting.

GRADE *BOOSTER*

```
If you can (in terms of how many words are available
to you), be precise in your description of the
examples you use. Also, be very clear in your head as
to how they are relevant to what you are trying to
demonstrate. The best thing to do is to explain the
relevance of your example.
```

Activités

Grammaire

1 **Le subjonctif présent + traduction.** Prenez chaque point de la carte heuristique (à la fin du chapitre) se référant à la fiction, et écrivez-les en français en commençant par « Laurent Cantet a souhaité que… »

2 a) **Les prépositions.** Reliez le mot français de la première colonne au mot anglais adéquat.

1	devant	a	outside
2	derrière	b	against
3	à l'avant	c	up
4	à l'arrière	d	under
5	sur	e	below
6	sous	f	inside
7	au-dessus (de)	g	at the front
8	en-dessous (de)	h	between
9	en haut/vers le haut	i	behind
10	en bas/vers le bas	j	at the back
11	à l'intérieur	k	on
12	à l'extérieur	l	in front of
13	à côté de	m	down
14	contre	n	above
15	entre	o	next to

b) Remplissez les blancs avec les prépositions nécessaires.

*Le film commence par une scène filmée **1** ...., mais très rapidement on se retrouve **2** .... du collège et on en ressort plus. Pendant la réunion de rentrée, les profs sont filmés assis les uns **3** .... des autres, même si certains paraissent un peu **4** .... de la caméra. François Marin est aussi assis à l'arrière de la salle, **5** .... la fenêtre.*

*Dans la première scène avec les 4e3, M. Marin, qui est le prof, s'installe **6** .... de la classe, **7** .... les élèves. **8** .... le prof et les élèves, il y a un bureau.*

*Quand Souleymane est emmené chez le proviseur, la caméra filme du **9** ...., ... : au contraire, quand on voit Souleymane quitter le collège pour la dernière fois, la caméra filme du **10** ...., ...*

*Parfois, la caméra filme des détails : **11** .... des tables pour montrer des chaussures, ou bien les élèves qui utilisent leur portable ; **12** .... la table pour montrer les noms des élèves, ou suivre leur façon d'écrire.*

Activité de vocabulaire

3 En utilisant le vocabulaire technique qui se trouve à la fin du chapitre, complétez les phrases ci-dessous pour que les descriptions soient vraies.

1 Le film commence sur un .... sur M. Marin.

2 Dans ce film il n'y a pas de ...., par exemple on ne voit jamais une vue aérienne de Paris.

3 Les .... sont utilisés pour permettre de voir des choses qu'on ne peut pas dire ou entendre.

4 La cour de récréation est généralement filmée en .... depuis la salle de classe de M. Marin.

5 Les conversations sont filmées en ....

6 Les raccords sont faits en .... ou ...., car on passe d'un moment à un autre de la vie de la classe sans lien particulier.

7 Les .... et les .... sont ceux de la classe réelle.

8 Les .... sont soit les vrais habits des élèves, soit des costumes pour les élèves qui ont endossé (*taken on*) une nouvelle personnalité.

Techniques

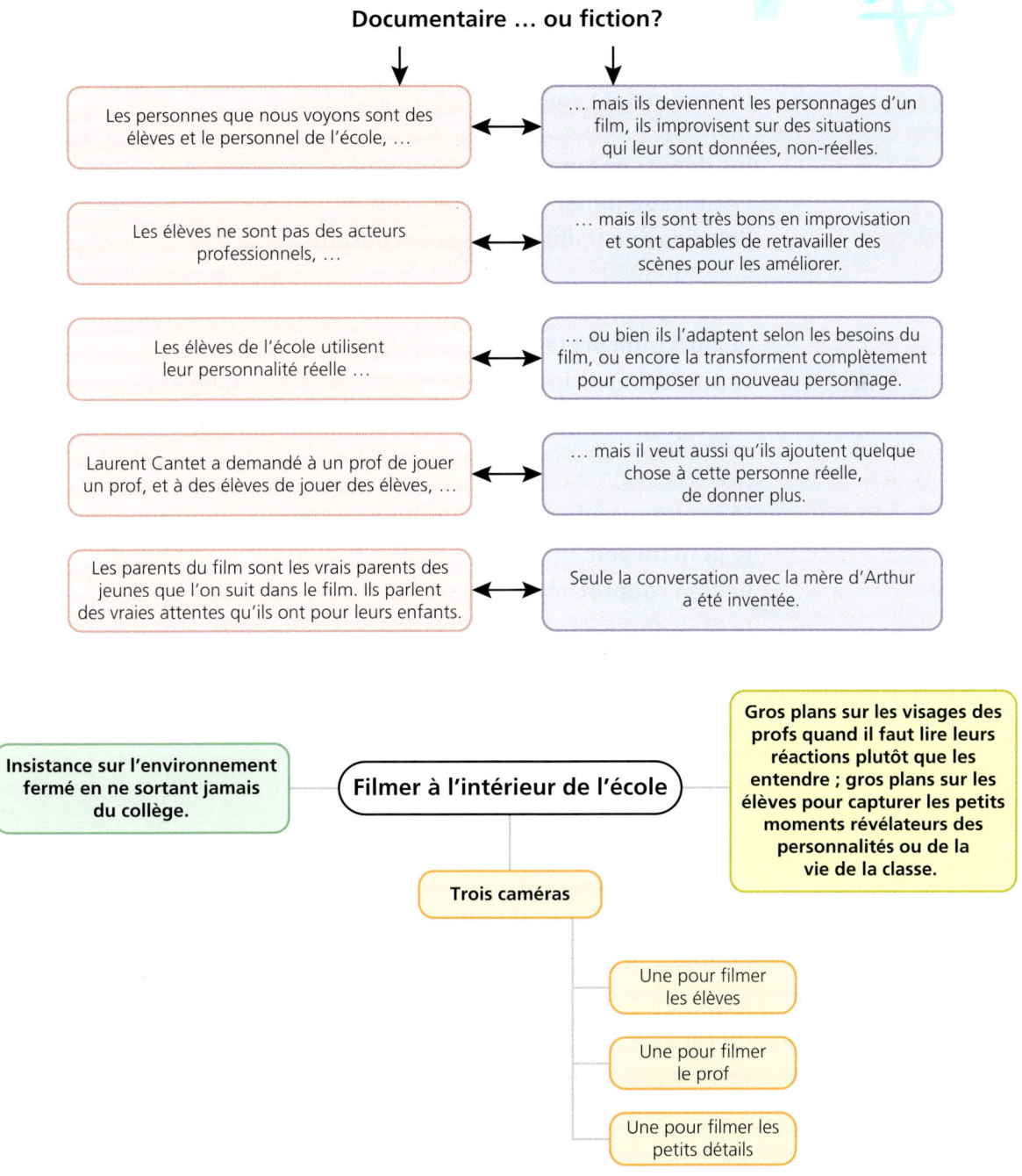

Documentaire … ou fiction?

Les personnes que nous voyons sont des élèves et le personnel de l'école, …	… mais ils deviennent les personnages d'un film, ils improvisent sur des situations qui leur sont données, non-réelles.
Les élèves ne sont pas des acteurs professionnels, …	… mais ils sont très bons en improvisation et sont capables de retravailler des scènes pour les améliorer.
Les élèves de l'école utilisent leur personnalité réelle …	… ou bien ils l'adaptent selon les besoins du film, ou encore la transforment complètement pour composer un nouveau personnage.
Laurent Cantet a demandé à un prof de jouer un prof, et à des élèves de jouer des élèves, …	… mais il veut aussi qu'ils ajoutent quelque chose à cette personne réelle, de donner plus.
Les parents du film sont les vrais parents des jeunes que l'on suit dans le film. Ils parlent des vraies attentes qu'ils ont pour leurs enfants.	Seule la conversation avec la mère d'Arthur a été inventée.

Insistance sur l'environnement fermé en ne sortant jamais du collège.

Filmer à l'intérieur de l'école

Gros plans sur les visages des profs quand il faut lire leurs réactions plutôt que les entendre ; gros plans sur les élèves pour capturer les petits moments révélateurs des personnalités ou de la vie de la classe.

Trois caméras

Une pour filmer les élèves

Une pour filmer le prof

Une pour filmer les petits détails

Vocabulaire

le cadrage des personnages et des objets positioning of characters and objects within the frame

la contre-plongée low angle

le costume, la coiffure et le maquillage costume, hair and make-up

les décors et accessoires (m) settings and props

l'éclairage (m) **et la couleur** light and colour

l'expression (f) **du visage et corporelle** facial expressions and body language

le gros plan close-up (face)

le jeu/l'interprétation (f) performance

le plan américain medium long shot (knees up)

le plan d'ensemble extreme long shot (far distance; a long or extreme long shot may be used to establish the location of a scene that follows)

le plan general long shot (full figure)

le plan moyen medium shot (thighs up)

le plan rapproché medium close (waist or shoulders up)

le plan serré (close-up of object) extreme close-up

la plongée high angle

le très gros plan (part of face)

Editing terms

champ-contre champ shot reverse shot (the pattern of shots used in a conversation, where the frame switches from one character to another as each speaks)

ellipse/faux raccord jump cut

fondu fade

fondu enchainé dissolve

iris iris

raccords transition devices

volet wipe

Planifier votre dissertation

Planning is an important part of your examination time. As a rough guide you should spend about 10 minutes planning your essay, 50 minutes writing it and 5 minutes checking it.

A well-planned essay makes points clearly and logically so that the examiner can follow your argument. It is important to take time to devise a plan before you start writing. This avoids a rambling account or retelling the story of the work you are writing about. The following points may help you to plan your essay well:

- Read the essay question carefully. Make sure you have understood what you are being asked to do rather than focusing on the general topic.
- From the outset it is sensible to plan your essay in the target language. This will prevent you writing ideas that you are not able to express in the target language.
- Focus on the key words. For example, you may be asked to analyse, evaluate, explore, explain. Look for important key words such as *examinez*, *analyser*, *jusqu'à quel point*....
- Select the main point you want to make in your essay and then break this down into sub-sections. Choose relevant information only. Avoid writing an all-inclusive account which occasionally touches on the essay title.
- Decide on the order of the main ideas which become separate paragraphs. Note down linking words or phrases you can use between paragraphs to make your essay flow as a coherent and logical argument.
- Select one or two relevant and concise quotations which you can use to illustrate some of the points you make.
- Think about the word count for the essay. The examination boards stipulate the following word counts:

	AS	A-level
AQA	Approximately 250 words	Approximately 300 words
Edexcel	275–300 words	300–350 words
WJEC	Approximately 300 words	Approximately 400 words
Eduqas	Approximately 250 words	Approximately 300 words

- Consider how many words to allocate to each section of your essay. Make sure that you give more words to main points rather than wasting valuable words on minor details.
- Finally, consider how to introduce and conclude your essay, ensuring that you have answered the question set.

A well-planned essay will have an overall broad structure as follows:

- **Introduction** You should identify the topic without rewriting the essay title. You should state your position on the issue.
- **Body of the essay** In several paragraphs you should give evidence to support a number of main points.
- **Conclusion** Here you should summarise your ideas and make a final evaluative judgement without introducing new ideas.

Écrire votre dissertation

Méthodes

Now you have to put flesh on the bones of the plan that you have drafted by writing a structured response to the essay question.

- Remember that you are writing for a person who is reading your essay: the content should interest your reader and you should communicate your meaning with clarity and coherence.
- It is important to be rigorous in sticking to your plan and not to get side-tracked into developing an argument or making a point that is not relevant to the specific essay question. Relevance is always a key criterion in the examination mark schemes for essays, so make sure that you keep your focus throughout on the exact terms of the question. Do not be tempted to write all that you know about the work; a 'scattergun approach' is unproductive and gives the impression that you do not understand the title and are hoping that some of your answer 'sticks'.
- It is important to think on your feet when writing an examination essay. If you produce a pre-learnt essay in an examination, in the hope that that will fit the title, you will earn little credit, since such essays tend not to match what is required by the title, and give the impression that you do not understand the question.
- If you are completing an AS examination, the question might, for example, require you to examine a character or explain the theme of the work. You will also have a list of bullet points to help you focus on the question. Make sure that you engage with these guidance points, but be aware that they do not in themselves give you a structure for the essay. At A-level you will normally have a statement requiring you to analyse or evaluate an aspect of the work.
- Since examination essays always have a suggested word limit, it is important to answer as concisely as you can. It should always be possible to write a meaningful essay within the allocated number of words.

La structure

1 L'introduction

The introduction gives you the opportunity to show your understanding of the work. It should be a single paragraph which responds concisely to the essay question. In a few sentences you should explain to your reader what you understand the question to mean, identify issues it raises and say how you are going to tackle them. Avoid statements in the target language that equate to 'I am now going to demonstrate…' or 'This essay is about…'.

2 Le développement

- This part will be divided into a number of interconnected paragraphs, each of which will pick up and develop the points raised in your introduction.
- Each paragraph should be introduced with a sentence stating what the paragraph is about.
- Make sure you follow a clear pathway through your paragraphs, leading to your conclusion. This requires skills of organisation, in order to ensure the smooth development of your argument. You should move from one facet of your argument to the next, linking them conceptually by, for example, contrast or comparison.
- Each paragraph will have an internal logic, whereby you examine a separate point, making your argument and supporting it with examples and quotations. For example, your essay title might lead you to examine the pros and cons of a statement, with the argument finely balanced. In this case you can dedicate one paragraph to discussing the pros in detail, another to the cons and a third to giving your decision on which view is the more persuasive and why.

3 La conclusion

Read through what you have written again and then write your conclusion. This should summarise your argument succinctly, referring back to the points you raised in your introduction. If you have planned your essay well, there should be no need to do anything other than show that you have achieved what you set out to do. Do not introduce new ideas or information.

La langue

- Linkage of the paragraphs is both conceptual, i.e. through the development of connected ideas in the body of the essay, and linguistic, i.e. through expressions which link paragraphs, sentences and clauses. These expressions are called connectives and they work in various ways, for example through:
  - contrast — *au contraire, de l'autre côté, cependant…*
  - explanation — *ceci explique, cela montre…*
  - cause/result — *pour cette raison, donc…*
  - additional information — *de plus, en outre, également, qui plus est…*
  - ordering points — *d'abord, en premier lieu, deuxièment, puis, ensuite, finalement…*
- When writing your essay, a degree of formality is necessary in your style. Be attentive to the register you use, especially the differences between written and spoken language. Avoid colloquial language and abbreviations unless you are quoting colloquial language from the work.

- It is important to learn key quotations from the work and to introduce them in order to support aspects of your argument. When quoting, however, be careful not to make the quotation a substitute for your argument. Quotations should illustrate your point aptly and not be over-long. Resist the temptation to include quotations that you have learned if they are not relevant to the essay question.
- In a foreign language examination, accurate language is always an assessment factor. Review your finished essay carefully for errors of grammar, punctuation and spelling. Check especially verb endings, tenses and moods, and adjectival agreements. You should employ a good range of vocabulary and include terminology related to film or literature (e.g. *les thèmes*, *les personnages*, *la trame*, *le dénouement*, *les scènes*, *la séquence…*).

For a list of useful connectives and film- and literature-related vocabulary, see page pp.77–79.

Petits exercises de composition

Répondez aux questions suivantes comme si elles étaient un paragraphe d'un devoir écrit.

Context

1 En quoi est-ce que la mixité sociale de la classe est représentative de la mixité sociale du quartier ?

2 Choisissez un exemple qui montre que la nationalité et l'identité ne sont pas toujours une seule et même chose.

Thèmes

1 Examinez dans quelle mesure Khoumba arrive à « vivre ensemble » avec le reste de la classe. Puis faites de même avec Wei, Esméralda et Souleymane.

2 À votre avis, les inégalités de la société sont-elles réduites ou bien renforcées par l'école que nous observons ?

3 Comment est-ce que le collège, ou ce que l'on voit de la vie de la classe, fournit des choses utiles aux élèves ?

Personnages

1 Quelle scène montre le meilleur de ce que les élèves peuvent faire, à votre avis ?

2 Quelle scène montre ce qu'un prof peut faire de mieux ?

3 Pourquoi voit-on les personnages secondaires du proviseur, de la CPE et des autres profs ?

4 Avec quel personnage avez-vous trouvé qu'il était le plus facile de s'identifier ?

5 Avec quel personnage avez-vous trouvé qu'il était le plus difficile de s'identifier ?

Structure

1 À votre avis, à partir de quel moment du film voit-on une histoire, une intrigue, se former ?

2 Choisissez une séquence que vous trouvez particulièrement révélatrice et utilisez-la pour montrer comment le prof amène ses élèves à s'exprimer sur un sujet qui leur parle.

3 À votre avis, l'exclusion de Souleymane était-elle inévitable, pour le fil narratif du film ?

4 Démontrez comment la dernière scène du film unifie en même temps qu'elle répète les divisions.

Langage

1 Quelles sont les caractéristiques du langage utilisé par les élèves ?

2 Quelles sont les caractéristiques du langage utilisé par M. Marin ?

3 Qu'est-ce qui montre que chacune est une marque de supériorité pour la personne qui l'utilise ?

4 Selon vous, quelle scène montre le mieux les limites du langage pour le prof, puis pour les élèves ?

GRADE *BOOSTER*

Throughout the year, practise using the structure Point — Explanation — Example in any essay practice you do. In conjunction with transition words, it is the best way to write a well-argued, well-structured piece on the day of the exam.

Vocabulaire utile pour composer une dissertation

Introduction

Dans cette dissertation j'ai l'intention de... In this essay I intend to...

Le film parle de... The film is about...

Au début de l'histoire / du film... At the beginning of the story/film...

Le film se passe dans les années... / en... The film takes place in the years... / in...

L'action / Le film a lieu... / se déroule The action takes place...

En premier lieu... / Tout d'abord... To start with... / First of all...

Mots utiles

l'acteur, l'actrice actor

l'action (f) action

la bande sonore sounds

la comédie comedy

le contexte (historique) (historical) background

le drame tragedy

l'éclairage (m) lighting

le film d'amour love film

le film historique historical film

le genre genre

le montage cut; editing

le mouvement de caméra camera movement

le plan shot

le réalisateur director

le rôle (principal) (main) role/part

le scénario screenplay

le scénariste screenplay writer

la scène scene (of film)

le (télé)spectateur (television) viewer

le thème (principal) (main) theme

tourner un film to make a film

la tragicomédie tragi-comedy

Opinion

à mon avis in my opinion

Je suis d'avis que... I am of the opinion that...

selon moi / **pour ma part** in my opinion

Exemples

Un exemple typique/important / **Un autre exemple** A typical / A further example / An important example

L'exemple le plus important est peut-être... The most interesting example is perhaps...

Cet exemple / **Cette scène illustre/montre que...** This example / This scene illustrates that / shows clearly that...

La comparaison

comparé à in comparison with

au contraire on the contrary

contrairement à... in contrast to

d'un côté...de l'autre côté on the one hand...on the other hand

L'interprétation

On pourrait interpréter cet aspect... This could be interpreted as...

prendre en compte to take into consideration

en faisant référence à with reference to

On peut aussi ajouter... One can also mention...

à bien des égards in many respects

surtout especially

plus précisément more exactly

de plus / **en outre** / **qui plus est** furthermore / in addition

par dessus tout above all

La raison pour cela est... The reason for that is...

Pour cette raison, on peut dire que... For this reason one can say that...

Conclusion

sans aucun doute without doubt

d'après moi / **pour ma part** as I see it

Je suis convaincu(e) que... I am convinced that...

Nul ne peut nier/douter que... It cannot be denied/doubted that...

dans l'ensemble on the whole

en général in general

au fond / en fait basically

Finalement, on pourrait dire que... Finally, it could be said that...

En guise de conclusion... / Pour conclure... In conclusion...

en résumé put briefly, in a few words

Il apparaît donc que... It therefore appears that...

Pour résumer on pourrait dire que... In summary one could say that...

à la fin du film at the end of the film

J'ai l'impression que... I have the impression that...

AS essays

Although a mark is awarded in the examination for use of language (AO3), all the example essays used here are grammatically accurate and the examiner comments focus on the student's ability to critically and analytically respond to the question (AO4).

Question 1

Dans quelle mesure peut-on considérer *Entre les murs* comme un documentaire plutôt que comme un film de fiction ?

Étudiant A

Quand on regarde *Entre les murs*, il est difficile d'ignorer que le film documente la vie d'une classe pendant une année scolaire. Je développerai cinq points pour évaluer si le film est plus un documentaire ou une fiction.

Pour commencer, la question des personnages est celle qui m'interpelle le plus : Laurent Cantet a choisi des personnes réelles, des élèves de collège pour participer au film, ce qui fait penser au documentaire. Cependant, pendant les ateliers d'improvisation, on a demandé aux jeunes de travailler différentes personnalités, ce qui fait qu'il y a certainement une part de jeu d'acteur dans ce film.

Après ça, puisque les élèves n'ont jamais vu le scénario et que leur jeu est basé sur l'improvisation, on ne peut pas dire qu'ils sont mis en scène ou placés dans un but précis. On voit ceci au début du film lorsque les élèves se disputent les places où ils veulent s'asseoir.

Ensuite, même si on pourrait dire que le film a des moments amusants ou divertissants (par exemple Damien qui croit que le mot « l'argenterie » désigne les habitants de l'Argentine), le film informe et témoigne d'une réalité de l'école en France dans les années 2000.

Ce dernier point nous permet donc aussi de dire que le film est aussi fortement ancré dans la réalité, qu'elle soit présente ou passée. Ce n'est pas un temps imaginé. On y fait référence à des réalités historiques et sociales du pays.

Ces quelques arguments me permettent donc de conclure, pour ma part, qu'*Entre les murs* est plus un film documentaire qu'un film de fiction.

(262 mots)

Commentaires du correcteur

- Good introduction, short and to the point. Sets out clearly what will be done. In the same way, the conclusion is clear and answers the question.
- Excellent critical and analytical response to the question set.
- There is evidence that the knowledge of the film is consistently accurate and detailed.
- Opinions, views and conclusions are supported by relevant and appropriate evidence from the making of the film.
- The essay demonstrates excellent evaluation of the technical, cultural and social contexts of the film studied.
- Student A would likely receive a mark in the top band for AO4.

Étudiant B

De façon à évaluer si *Entre les murs* est plutôt un documentaire ou bien un film de fiction, je me concentrerai sur cinq questions : est-on face à des personnes réelles ou bien des personnages inventés ? Ces personnes sont-elles filmées dans un environnement réel ou bien les personnages sont-ils mis en scène ? Le film cherche-t-il à informer, ou à divertir ? Les lieux du film sont-ils réels ou inventés ? Enfin, le film présente-t-il un passé ou un présent réel, ou bien s'agit-il d'une histoire inventée ?

D'abord et avant tout, on sait, selon les déclarations de Laurent Cantet, que le but du film *Entre les murs* était de documenter une année dans la vie d'un collège de Paris.

Ensuite, si on se concentre sur les personnes qui jouent dans le film, on sait qu'ils sont des jeunes qui ne sont pas des acteurs professionnels. Cependant même s'ils sont de simples élèves d'un collège réel de Paris, ils ne sont pas filmés en temps réel, ou du moins pas tout le temps. De plus, certains élèves improvisent seulement selon leur personnalité réelle, mais d'autres personnages ont été créés pour les besoins du film, comme Arthur, par exemple, ou Souleymane, qui a dans le film une personnalité complètement opposée à sa personnalité réelle.

Troisièmement, je dirais que les élèves sont peu mis-en-scène ou dirigés dans leurs mouvements, étant donné qu'ils n'ont jamais vu le scénario et on leur a seulement donné une situation à partir de laquelle ils ont improvisé.

Puis, en termes de but du film, on peut dire que le film cherche plus à informer qu'à divertir : Laurent Cantet, encore une fois, voulait documenter la vie d'une classe.

Finalement, même si *Entre les murs* est adapté d'un livre, ce qui pourrait faire penser que c'est une fiction, ce livre se voulait une transcription de la réalité d'un an de la vie d'un prof de collège.

En conclusion, et au vu des arguments avancés, je dirais personnellement que le film est plus un documentaire qu'une fiction.

(339 mots)

Commentaires du correcteur

- The introduction sets out clearly what will be done, but is too long for the amount of words recommended for the whole essay. The conclusion, however, is short and clear and it answers the question.
- The length of the paragraphs is irregular, with some hardly a couple of lines long — not enough to build a clear argument.
- There needs to be more evidence of critical and analytical response to the question set.
- More details are needed to show evidence of a good knowledge of the film.
- Opinions, views and conclusions are sometimes not supported by relevant and appropriate evidence from the making of the film.
- The evaluation of the technical, cultural and social contexts of the film studied needs to be extended.
- Student B would likely receive a mark in the middle band for AO4.

Question 2

Comparez les personnages d'Esméralda et de Khoumba. Diriez-vous d'elles qu'elles sont des élèves difficiles ?

Vous pouvez explorer les points suivants :

- Les difficultés d'enseigner et d'apprendre
- Le portrait de chacune
- Un évènement significatif pour chaque fille
- Le comportement des deux filles

Étudiant A

Esméralda et Khoumba sont deux membres très importants de la classe d'*Entre les murs*. En faisant leur portrait et en examinant leur comportement, j'essaierai d'évaluer si elles sont ou pas des élèves difficiles.

Pour commencer, il faut clarifier ce que l'on comprend par élève difficile. On voit souvent dans le film que le cours est interrompu pour faire des commentaires ou poser des questions qui n'ont rien à voir avec le cours (Rabah et Souleymane après le conseil de classe, par exemple). On voit aussi Souleymane qui travaille le moins possible, consulte son téléphone, est insolent avec M. Marin, puis vulgaire et finalement violent avec les autres membres de la classe. Dans cette perspective, Esméralda et Khoumba sont des élèves relativement faciles, puisqu'on les voit, la plupart du temps, coopérer raisonnablement pendant les cours.

Esméralda et Khoumba sont amies pour la plus grande partie du film. L'une est blanche, avec les cheveux très frisés, l'autre est noire avec les cheveux raides et noirs. Elles ne sont pas particulièrement grandes ou grosses. Esméralda est spontanée, énergique, directe, déterminée, un peu râleuse. Khoumba est aussi spontanée, franche, elle est travailleuse, mais d'humeur changeante, parfois boudeuse.

Donc, lorsqu'on voit Khoumba presque faire un caprice en classe en refusant de lire, et être insolente avec son prof ; quand on voit Esméralda utiliser la mauvaise foi pour faire payer à M. Marin son utilisation malheureuse du mot « pétasse » (particulièrement lors de l'affrontement entre lui et la classe dans la cour de récréation), on peut se demander si elles sont fondamentalement des élèves difficiles ou pas.

Personnellement, si on considère leur comportement en général et les évènements difficiles qui semblent être seulement des « moments difficiles », je dirais que Esméralda et Khoumba sont des élèves relativement faciles, mais qu'elles peuvent être, dans certaines circonstances et pendant quelques temps, particulièrement difficiles.

(308 mots)

Commentaires du correcteur

- The introduction is short and clear, the conclusion wraps up the argumentation and answers the question: very good.
- The paragraphs are fairly balanced.
- There is evidence of accurate and detailed knowledge of the film and the characters.
- The essay shows consistent use of appropriate evidence to support the arguments, and the arguments lead to valid conclusions. The response is relevant throughout the essay.
- Excellent evaluation of the issue discussed.
- Student A would likely receive a mark in the top band for AO4.

Étudiant B

Esméralda et Khoumba sont les deux personnes de la classe que l'on voit ou entend le plus souvent. Après avoir examiné en quoi un élève peut être difficile, je ferai le portrait de chacune et analyserai leur comportement pour démontrer si elles sont des élèves difficiles.

Entre les murs a pour but avoué de montrer la vie d'un collège difficile. L'expression fait généralement référence à la difficulté d'enseigner, ce qui implique que les élèves soient peu attentifs et peu intéressés par ce que l'école peut leur apporter. Dans le pire des cas, ils peuvent être violents et causer de graves problèmes à l'enseignant et au reste de la classe.

Esméralda et Khoumba sont deux élèves de la classe d'*Entre les murs*. Esméralda est, selon ses propres déclarations, « française, mais pas fière de l'être », peut-être d'origine maghrébine mais ce n'est pas précisé, assez grande avec des cheveux très bouclés. Elle est sure d'elle et plutôt expansive, généralement de bonne humeur et coopérative. Khoumba est aussi assez grande, a les cheveux et les yeux noirs, et parait être d'origine africaine. Elle est d'un caractère enjoué, elle est généralement une élève attentive, mais comme on le voit dans le film, elle peut être lunatique et boudeuse.

L'évènement pour moi le plus significatif qui implique Esméralda est la dispute liée à son comportement (et celui de Louise) au conseil de classe, puis sa réaction et sa détermination à voir punir M. Marin après qu'il fait référence aux deux en utilisant le mot « pétasse ». Cette section du film montre qu'Esméralda est capable du meilleur comme du pire, car elle va pousser sa position de victime de M. Marin au maximum, en étant même de mauvaise foi. Dans le même sens (capable du meilleur comme du pire), peu après le début du film on voit Khoumba qui s'oppose à M. Marin en refusant de lire comme il l'avait demandé. Son action parait particulièrement arbitraire, car elle se justifie très mal mais campe sur ses positions et refuse de coopérer jusqu'à risquer d'être punie.

En dehors de ces deux évènements, même si on voit Esméralda et Khoumba interrompre souvent le cours pour poser des questions et parfois être insolentes, elles sont aussi le moteur de la classe et des filles coopératives.

Au vu de ces arguments, je dirais que les deux filles sont à des moments épisodiques des élèves très difficiles, mais qu'en règle générale, elles sont des élèves faciles et agréables.

(409 mots)

Commentaires du correcteur

- The introduction is brief and sets out clearly what will be covered. The conclusion is short and clear and it answers the question.
- The length of the paragraphs is irregular, some very short due to time/word count pressures: the quality of argumentation is affected.
- The critical response to the question set is reasonable, there is a lot of description and not much space left towards the end for critique and analysis.

- In some sections, more details are needed to show evidence of a good knowledge of the film. Some of the points argued lack supporting evidence from the film.
- The argumentation is sometimes confused and the conclusion does not reflect the balance of the argumentation.
- Student B would likely receive a mark in the middle band for AO4.

A-level essays

Although a mark is awarded in the examination for use of language (AO3), all the example essays used here are grammatically accurate and the examiner comments focus on the student's ability to critically and analytically respond to the question (AO4).

Question 1

Examinez jusqu'à quel point Monsieur Marin est responsable lui-même des difficultés qu'il éprouve.

Étudiant A

Laurent Cantet voulait, par son film, montrer la vie quotidienne dans un collège difficile à Paris. C'est bien sur les difficultés que cette argumentation va se concentrer, mais plus particulièrement sur les difficultés que rencontre Monsieur Marin, prof de français et prof principal des 4e3. J'articulerai l'argumentation autour de deux points : les difficultés avec des individus, et les difficultés avec la classe.

Pour commencer, il faut évoquer la première grosse difficulté à laquelle Monsieur Marin fait face, qui est l'affrontement avec Khoumba qui refuse de lire. La requête de Monsieur Marin est parfaitement raisonnable dans le cadre d'un cours, alors il est inacceptable que Khoumba refuse de lire. Ensuite, elle s'entête dans son refus et devient de plus en plus insolente. Dans cette situation, il semble que Khoumba soit la seule responsable du conflit, par son entêtement. C'est la décision de Khoumba d'arrêter de coopérer en classe.

Ensuite nous voyons la situation où Monsieur Marin a demandé à la classe d'écrire son autoportrait. Tout le monde l'a fait, mais Souleymane a écrit un texte très court, en résumé il n'a pas fait son travail. Monsieur Marin le reprend, mais

Souleymane explique qu'il vit selon le précepte de « Si ce que tu as à dire n'est pas plus important que le silence, alors tais-toi. » Il a précédemment montré qu'il ne travaille pas beaucoup, alors encore une fois, cette difficulté vient d'une décision de l'élève et Monsieur Marin n'est pas responsable de cette situation.

Cependant, si on examine les difficultés qui impliquent la classe entière, on pourra peut-être penser différemment. Premièrement, il y a l'épisode où personne n'a fait ses devoirs (lecture). On peut estimer que les élèves sont paresseux et n'ont pas fait leurs devoirs, mais on peut aussi poser la question de s'ils pensaient qu'ils allaient être punis ou pas. Si Monsieur Marin est trop permissif avec eux, alors il est certain qu'ils ne vont pas faire d'effort.

Enfin, l'accident certainement le plus significatif est bien sûr l'affrontement avec la classe entière qui suit l'utilisation du mot « pétasse ». Bien sûr on voit que les élèves s'obstinent et refusent de comprendre ce que Monsieur Marin a voulu dire, mais, de fait, il n'aurait jamais dû utiliser ce mot en classe.

En conclusion, étant donné les différentes situations où Monsieur Marin s'est trouvé en difficulté, je dirais qu'il n'est pas toujours responsable des difficultés dans lesquelles il se trouve.

(401 mots)

Commentaires du correcteur

- Good introduction and conclusion, the paragraphs are fairly balanced, although the last one is a bit short.
- The response to the question is critical throughout, and always justified, with appropriate evidence.
- The arguments lead to valid conclusions.
- The response is relevant throughout.
- Student A would likely receive a mark in the top band for AO4.

Étudiant B

On ne peut bien sûr pas nier que Monsieur Marin rencontre un certain nombre de difficultés pendant ses cours avec la classe *d'Entre les murs*. Cette argumentation va essayer de déterminer si Monsieur Marin est lui-même responsable de ces difficultés, ou non.

La situation principale où Monsieur Marin se trouve en grande difficulté est celle où il dit que Louise et Esméralda ont eut une « attitude de pétasses ». Il se retrouve alors avec sa classe entière choquée par ce qu'il a dit et décidée à ne pas laisser passer ce qu'ils considèrent comme une faute grave de la part d'un prof. La deuxième conséquence de ses paroles est que Monsieur Marin perd entièrement le contrôle de Souleymane, qui blesse quelqu'un et quitte la classe. Enfin, il y a l'altercation dans la cour de récréation où, plus que jamais, Monsieur Marin est seul contre tous. Les élèves se sentent en position de force par leur nombre, et Monsieur Marin est mis en difficulté. Il est évident ici que Monsieur Marin est responsable de la difficulté dans laquelle il se trouve : il n'aurait tout simplement jamais dû utiliser le mot « pétasse » pour s'adresser à ses élèves.

Dans les conflits qui l'opposent à des individus, la situation semble différente. Si on observe l'affrontement entre Monsieur Marin et Khoumba qui refuse de faire ce qu'il lui demande et devient très insolente avec lui, Monsieur Marin n'est pas responsable.

De façon similaire, lorsque Monsieur Marin demande à Souleymane pourquoi il refuse de faire son travail comme les autres, Souleymane se justifie avec une référence religieuse. Mais la décision de ne pas travailler appartient entièrement à Souleymane.

Enfin, on a vu aussi qu'un jour la classe entière est arrivée en cours sans avoir fait ses devoirs (lire un passage d'un livre), alors on peut se demander si d'une certaine manière, parce que Monsieur Marin a une attitude assez détendue vis-à-vis de sa classe, les élèves savent qu'ils ne seront pas punis s'ils ne font pas leur travail. Et ceci serait bel et bien la responsabilité de Monsieur Marin.

> *Je dirais donc que, personnellement, je trouve que Monsieur Marin est parfois responsable des difficultés auxquelles il fait face, mais pas toujours.*
>
> (370 mots)

Commentaires du correcteur

- Good introduction, short and to the point; it sets out clearly what will be covered. In the same way, the conclusion is clear and answers the question.
- The paragraphs are unbalanced in length, with the first one almost as long as the following three put together.
- Evidence from the work is appropriate.
- There is evidence that knowledge of the film is consistently accurate and detailed.
- At least one statement is made without being followed by a justification, which makes the argument unclear.
- If the focus is occasionally lost, the response is generally relevant to the question.
- Student B would likely receive a mark in the middle band for AO4.

Question 2

Analysez jusqu'à quel point le fait que le film se passe uniquement à l'école aide à accentuer les tensions entre les personnages.

Étudiant A

Dans le film *Entre les murs*, une fois qu'on est rentré dans le collège avec Monsieur Marin, on n'en ressort plus. Les personnes entrent et sortent, mais pas les caméras, donc pas le point de vue des spectateurs. Dans cette situation, un certain nombre de conflits se développent. Cette argumentation va tenter d'analyser si le lieu unique de l'action aide à accentuer les conflits entre les personnages.

Tout d'abord, il faut examiner ce qui concerne les tensions entre Monsieur Marin et les élèves, qui sont les plus fréquentes. Elles se produisent le plus souvent dans la classe (une seule fois dans la cour), comme par exemple les affrontements avec Khoumba, Esméralda ou Souleymane. Si le film n'était pas filmé uniquement à l'école, on aurait l'opportunité de voir les protagonistes des conflits dans des situations où ils sont séparés, et donc sans conflit. Dans ce cas, le lieu unique de tournage semble en effet accentuer les tensions.

Ensuite, on peut observer les tensions entre les élèves, qui se passent encore une fois dans la classe et dans la cour. Dans ce cas, l'espace de l'école (classe + cour) permet de développer la représentation des conflits, comme par exemple celui entre Souleymane et Carl : il commence pendant un match de foot, se poursuit verbalement dans la classe, puis culmine physiquement lorsque Carl essaie de retenir Souleymane pour l'empêcher de frapper Monsieur Marin et de quitter la classe. Si l'on ajoute à cela que l'on voit seulement les élèves dans l'école et pas à l'extérieur, on peut de nouveau dire que l'espace unique du collège accentue les conflits.

Pour finir, en ce qui concerne Souleymane en particulier, l'espace unique est clé : l'école semble être le lieu de tous ses problèmes, et le fait de n'être vu qu'à l'école ne permet pas de montrer Souleymane sous un jour différent, ou bien de donner des éléments d'explication à son comportement.

En conclusion donc, je dirai que le lieu unique de l'action aide énormément à accentuer les conflits entre les personnages. Si on voyait les personnages dans un autre lieu, la dimension des conflits serait diminuée.

(349 mots)

Commentaires du correcteur

- The introduction and conclusion to this essay are relevant, precise and to the point.
- There is plenty of evidence of excellent critical and analytical response to the question set.
- The student shows excellent knowledge of the film and the references are accurate and detailed.
- The conclusions are supported by relevant evidence.
- The essay demonstrates a good evaluation of the issue posed by the question.
- Student A would likely receive a mark in the top band for AO4.

Étudiant B

En règle générale, les espaces confinés ont tendance à faire surgir des conflits entre les humains. Le film *Entre les murs* est tout-à-fait fidèle à son titre en ce qui concerne le lieu de tournage, puisque tout se passe, très physiquement, entre quatre murs, soit ceux du collège, soit ceux de la classe. Cette argumentation examinera si ce lieu, dont on ne sort pas, aide à accentuer les tensions entre personnages.

Entre les murs est en effet un lieu dont on ne sort pas pendant toute la durée du film. Si on ajoute cela à l'espace restreint et limité par quatre murs, il semble que l'on évoque une prison, où, bien sûr, règnent toutes sortes de tensions à cause de l'espace limité.

De plus, si on essaye de définir la nature des tensions, on voit qu'elles sont variées : entre prof et élèves, entre divers élèves, entre profs aussi ; il y a des tensions non exprimées (Khoumba qui boude et grimace à la caméra), des tensions qui s'expriment verbalement (par exemple Souleymane : « Tu veux être keuf et tu parles avec moi ? »), et d'autres qui s'expriment physiquement (Souleymane qui tente d'attaquer Carl pendant la partie de foot à la récréation).

Les tensions qui opposent les élèves entre eux sont accentuées par le lieux unique, puisqu'ils ne peuvent pas « s'échapper » de l'école pour s'éloigner des tensions. La seule personne qui finit par s'échapper, Souleymane, est puni et, finalement, exclu, parce que décider, en tant qu'élève, de quitter l'école, c'est interdit. Tout est propice, dans le contexte de l'école, à garder les gens à l'intérieur, donc à accentuer les tensions.

Les tensions avec le prof fonctionnent plus ou moins de la même manière : il est impossible pour Monsieur Marin de se retirer d'un conflit, car même s'il a le droit de quitter l'école, moralement il ne peut pas le faire. Il est responsable de ses classes. Lorsque Monsieur Marin se confronte à Louise et Esméralda, puis à la classe, dans la cour, la seule chose qu'il peut faire pour s'éloigner du conflit qui dégénère est de se déplacer vers un autre endroit du collège, mais toujours dans le collège.

> Je dirais donc, pour conclure, que les personnages du film sont prisonniers du collège et les conflits se développent là sans pouvoir s'échapper. Le lieu unique du collège est donc de nature à accentuer les tensions.
>
> (401 mots)

Commentaires du correcteur

- Here the introduction and the conclusion are good and appropriate. The paragraphs are well balanced.
- Some statements/points of view are not justified with appropriate evidence.
- Some conclusions drawn are occasionally unclear.
- Some evidence is not entirely appropriate or relevant.
- Student B would likely receive a mark in the middle band for AO4.

GRADE *BOOSTER*

At AS and A level you are expected to 'manipulate complex language'. Prepare and learn at least five difficult structures that you will be able to include in your essay, whatever question you are asked.

« Ben pourquoi vous mettez toujours des noms comme ça [occidentaux], alors ? » — Khoumba

1

▼ Khoumba, soutenue par Esméralda, soulève la question de la diversité ethnique et de sa représentation dans le cours. Elle-même et Esméralda font aussi allusion à ce qu'elles perçoivent peut-être comme de l'étroitesse d'esprit de la part de M. Marin, qui ne pense jamais spontanément à utiliser des noms d'origine nord-africaine ou africaine. Pour Khoumba et Esméralda, en dehors d'être une opportunité d'interrompre le cours, l'utilisation de « Bill » en temps que nom est une occasion de montrer que cela ne dérange pas M. Marin d'utiliser des noms qui ne sont pas français, mais son expérience personnelle ne le mène pas jusqu'à utiliser des noms nord-africains ou africains. De plus, cette première intervention de Khoumba et Esméralda marque le début de la bataille du langage, la bataille de l'argumentation, et des tentatives de marquer des points contre le prof.

« Notre vie, elle est pas passionnante. » — Justine

2

▼ L'intervention de Justine montre ici deux choses : premièrement, comme M. Marin le dit lui-même, qu'il est dommage que les jeunes pensent que leur vie n'est pas intéressante. Auraient-ils intériorisé les conditions défavorisées dans lesquelles ils vivent ? Deuxièmement, à qui comparent-ils leur vie pour penser qu'elle n'est pas intéressante ? Le film suggère Anne Frank, qui en effet, à l'adolescence, avait déjà vécu beaucoup plus d'évènements dramatiques que les jeunes du film. Justine (avec Angélica) pense, pour sa part, qu'ils sont trop jeunes pour avoir une vie intéressante. Ces jeunes se comparent-ils aussi avec les célébrités qu'on voit dans les médias, sociaux ou autres, et auxquels ils ont accès en permanence ? Ces points posent la question de s'il est nécessaire d'avoir une vie dramatique, passionnante, pour qu'elle soit digne d'être racontée. On peut détecter ici une petite vulnérabilité, chez ces jeunes pourtant plein de vie.

« Vous pouvez pas comprendre. » — Boubacar

3

▼ Boubacar utilise ici l'argument ultime pour pouvoir fermer une conversation, tout en ayant le dernier mot. Cela lui permet aussi de ne pas perdre la face et de rejeter le problème sur son interlocuteur, mais en fait c'est lui, Boubacar, qui se trouve confronté à une difficulté : même s'il a beaucoup de choses à exprimer et cherche des occasions de les exprimer, le langage, la langue, lui fait défaut, les mots lui manquent ou bien il n'utilise pas les mots de manière efficace pour être compris. Jusqu'à cette remarque, les explications de Boubacar n'ont mené qu'à des malentendus ; maintenant, il ne trouve plus les mots ou les phrases pour exprimer ce qu'il souhaite, alors il ferme la conversation.

4 « Les jeunes de cette époque ils ont pas honte. » — Wei

◥ Ces mots, prononcés par Wei, ne sont pas aussi simples qu'on pourrait penser : Wei ne formule pas seulement une déclaration, une constatation, mais il porte un jugement sur la jeunesse. Selon lui, en effet, les jeunes n'ont pas honte, mais le message non formulé ici est : ils *devraient* avoir honte. Pourquoi pense-t-il cela ? Probablement parce que son éducation et ses normes de comportement, encore plus en public, sont très différentes de celles des élèves plus chahuteurs. Wei est un élève très calme et attentif, alors il pense certainement que ses camarades de classe, qui sont parfois bruyants, vulgaires, violents verbalement ou même physiquement, devraient avoir honte de leur comportement. Il est vrai que l'on imagine mal Wei être insolent avec ses profs, parler sans y être invité ou bien insulter les gens à la moindre occasion.

5 « On peut pas toujours rester gamine. » — Khoumba

◥ Khoumba justifie son attitude plus tôt dans le cours en disant en fait qu'elle n'est plus une gamine, que maintenant elle est plus mature. Elle montre ici la façon dont la coopération avec les adultes, le prof, est vue comme une attitude infantile et immature. Khoumba meurt d'impatience de grandir, mais elle comprend mal ce que la maturité signifie. Elle choisit de se comporter, soudainement, comme un stéréotype d'adolescente, changeante, boudeuse et antagoniste, et refuse de coopérer par peur d'être considérée comme une enfant sage. Il semble pourtant, d'après ce que l'on voit (ou pas) dans le film, que c'est seulement à ses propres yeux que la coopération est un comportement inacceptable, plutôt qu'une réaction à une certaine pression opérée par son entourage.

6 « Tu veux être keuf et tu parles avec moi ? » — Souleymane

◥ En très peu de mots, Souleymane révèle les relations tendues qui existent entre les minorités ethniques et les populations défavorisées d'un côté, et la police de l'autre. L'attitude discriminatoire de la police, qui semble traiter les populations défavorisées comme si elles étaient plus susceptibles de commettre des crimes, est prouvée par les statistiques officielles, qui montrent que les personnes appartenant visiblement à des minorités ethniques sont plus susceptibles de subir des contrôles d'identité. Cela a même un nom en français : le délit de faciès. De plus, il ne faut pas oublier que des gens sont morts et meurent entre les mains de la police, comme les deux jeunes garçons de Clichy-sous-Bois, 2 ans avant que le film soit tourné.

7

« C'est bizarre, parce que c'est quand même à quatre stations de métro donc vous qui sortez jamais du quartier, c'est quand même un grand saut, là, d'un coup. » — M. Marin

◥ Cette remarque très ironique de M. Marin montre que les jeunes habitants des quartiers défavorisés ont tendance à ne pas sortir beaucoup de leur environnement connu, par choix ou par obligation. De plus, les jeunes s'identifient fortement à leur quartier, et s'évaluent les uns les autres suivant le quartier qu'ils habitent. M. Marin, par ces paroles, suggère que les élèves se limitent consciemment à leur quartier et il semble vouloir les provoquer à aller voir ce qui se passe au-delà du quartier. Mais l'on voit de nouveau ici la puissance de ce qui est connu et confortable. Au-delà du quartier se trouve l'inconnu, des gens différents, un monde différent, et tout cela pourrait bien être dangereux. Par son ironie et en taquinant Esméralda et Khoumba, M. Marin veut montrer qu'elles manquent de curiosité et de sens de l'aventure (comme par ailleurs le reste de la classe).

> **GRADE** *BOOSTER*
>
> *Confort* and all its derivatives are written with an 'n' in French: *confort, confortable, conforter* etc.

8

Boubacar : Pourquoi vous dites pas que vous êtes des Français, au lieu de dire « On est des Antillais » ?

Carl : Et alors ? C'est la même chose.

Boubacar : Ah ben je pense pas, non

◥ Cette remarque de Boubacar touche aux concepts de la nationalité, de l'ethnicité et de l'identité. Pour Carl, être antillais est une nationalité plus qu'une ethnicité, et puisque les Antilles sont un département français, pour lui, être antillais est la même chose qu'être français. Il apparait au contraire que Boubacar considère qu'être antillais est moins une nationalité qu'une ethnicité. Il voit en Carl un garçon noir qui peut se dire français, et le fait avec fierté : Carl revendique son appartenance à la nationalité française en déclarant qu'il supporte l'équipe de France de football, par ailleurs composée de beaucoup de descendants d'immigrants ou de citoyens des départements d'outre-mer. Pour Boubacar, être **black** et fier d'être français est presque impossible : il y a trop de discrimination contre les noirs en France pour que Boubacar puisse envisager d'être fier d'être français.

In French you can use 'noir' or 'black' to refer to black people.

9

« Et voilà, sous prétexte qu'il fait de temps en temps quelque chose de bien — heureusement ! — on le laisse s'enfoncer ? » — Prof d'histoire

◥ Un collègue de M. Marin remet en question les critères de comportement pour ce dernier. Cet échange met en perspective les méthodes de François, de façon à ce que les spectateurs ne soient pas tentés de le considérer comme un prof exemplaire, que tout le monde devrait imiter. Il est vrai que ses méthodes inspirent, la plupart du temps, ses élèves à le suivre et faire ce qu'il demande, plus ou moins rapidement et attentivement. Cependant, plusieurs détails de la vie de la classe sont captés par les caméras, qui pourraient être considérés comme inacceptable en classe (utilisation des écouteurs, les interruptions, le bavardage et le manque d'attention, l'utilisation du téléphone mobile etc.). Parce que François a une attitude assez permissive vis-à-vis des 4°3, certains de ses collègues pensent qu'il « achète » la paix dans son cours.

10

« Je suis désolé, hein, mais rire comme ça en plein conseil de classe, c'est ce que j'appelle une attitude de pétasse. » — M. Marin

> Ici se trouve la source de tous les problèmes de M. Marin, et un exemple de la façon dont, même si on maitrise bien le langage, on peut toujours faire une faute et dépasser les bornes. Ce commentaire aura des répercussions immenses, dont la mise en marche mouvement va inexorablement pousser Souleymane vers l'exclusion n'est pas la moindre. Elle marque aussi le point de départ d'un conflit durable entre la classe et son prof de français, avec des affrontements verbaux réguliers et parfois assez violents. C'est encore une fois une subtilité du langage, mais on voit dans cette dispute l'importance d'utiliser les mots d'une manière compréhensible, sans équivoque, pour l'interlocuteur. Il est inutile d'essayer d'expliquer à la classe la subtilité qui sépare « une attitude de pétasse » et « pétasse » : la seule chose qu'ils entendent et comprennent, c'est le mot « pétasse ». Même si M. Marin est très bon pour expliquer la différence, ses explications ne sont pas écoutées. Même si ses mots ont un sens très précis, si ses interlocuteurs ne comprennent pas ce qu'il veut dire, sa cause est perdue.

GRADE *BOOSTER*

Including a quotation in your essay, even if short, will show that you have studied the film thoroughly, and can bring together ideas or arguments and the right material to prove a point.